Druck von Kastner & Callwey in München.

# Vorwort.

Die schon vor längerer Zeit angekündigte Handausgabe mit Anmerkungen zur Reichsverordnung über die Fürsorgepflicht von Ministerialrat Dr. Geiger und Regierungsrat Dr. Heß, beide im Staatsministerium für Soziale Fürsorge, wird in wesentlich erweitertem Umfange erscheinen; sie wird eingehende Erläuterungen zur Reichsverordnung über die Fürsorgepflicht wie zu den reichsrechtlichen und bayerischen landesrechtlichen Ausführungsbestimmungen, unter Verwertung des in zahlreichen Zeitschriften verstreuten Schrifttums und der Rechtsprechung des Bundesamtes für das Heimatwesen sowie des bayerischen Verwaltungsgerichtshofes bringen. Die bei der Anwendung der Fürsorgepflichtverordnung benötigten reichs- und landesrechtlichen Nebengesetze werden im Wortlaut abgedruckt, die wichtigeren, insbesondere der Kriegsbeschädigten- und Kriegshinterbliebenenfürsorge, durch Anmerkungen erläutert. Die Ausführungsbestimmungen der Länder Preußen, Sachsen, Württemberg, Baden, Thüringen, Hessen und Hamburg werden im Wortlaut wiedergegeben und durch einleitende Abhandlungen erläutert, die von Sachbearbeitern der Ministerien oder Landesstellen dieser Länder bearbeitet wurden.

Diese Handausgabe wird sobald als möglich erscheinen. Augenblicklich besteht aber nach Zuschriften aus verschiedenen Teilen Bayerns mit Rücksicht auf das Erlöschen der Amtsdauer der Armenräte und die Notwendigkeit der Neubildung von Fürsorgeausschüssen in allen Gemeinden des Landes, bei den Gemeindebehörden, den seitherigen Armenräten und Wohlfahrtsausschüssen, bei den Mitarbeitern der öffentlichen und der freien Wohlfahrtspflege wie bei den Verbänden der Fürsorgebedürftigen das dringende Bedürfnis, die in diesen Tagen neuerschienene bayerische Verordnung über die Verwaltung der Fürsorgeverbände in einer handlichen Ausgabe zu besitzen. Der unterzeichnete Verlag hat sich daher entschlossen, die Reichsverordnung über die Fürsorgepflicht, nebst den Reichsgrundsätzen und den amtlichen Erläuterungen, die bayerische vorläufige Ausführungsverordnung sowie die bayerische Verordnung über die Verwaltung der Fürsorgeverbände, diese mit einer Einleitung und kurzen Anmerkungen, vorweg herauszugeben.

München, 14. Januar 1925.

**J. Schweitzer Verlag**
**(Arthur Sellier).**

# Inhalt.

# I. Reichsrecht.

## 1.

## Reichs-Verordnung über die Fürsorgepflicht vom 13. Februar 1924.

(RGBl. I S. 100)

Auf Grund des Ermächtigungsgesetzes vom 8. Dezember 1923 (Reichsgesetzbl. I S. 1179) verordnet die Reichsregierung zum Vollzuge der dritten Steuernotverordnung nach Anhörung eines Ausschusses des Reichsrats und eines aus 15 Mitgliedern bestehenden Ausschusses des Reichstags:

### A. Träger der Fürsorge.

**Fürsorgeaufgaben.**[1]

§ 1.

I Die nachstehenden öffentlich-rechtlichen Fürsorgeaufgaben sind, soweit Reichsgesetze nichts anderes bestimmen, von den Landesfürsorgeverbänden und den Bezirksfürsorgeverbänden zu erfüllen:

a) die soziale Fürsorge für Kriegsbeschädigte und Kriegshinterbliebene und die ihnen auf Grund der Versorgungsgesetze Gleichstehenden,

b) die Fürsorge für Rentenempfänger der Invaliden- und Angestelltenversicherung, soweit sie nicht den Versicherungsträgern obliegt,

c) die Fürsorge für die Kleinrentner und die ihnen Gleichstehenden,

d) die Fürsorge für Schwerbeschädigte und Schwererwerbsbeschränkte durch Arbeitsbeschaffung,

e) die Fürsorge für hilfsbedürftige Minderjährige,

f) die Wochenfürsorge.

II Den Fürsorgeverbänden liegt auch weiterhin die Armenfürsorge ob; das Land kann ihnen weitere Fürsorgeaufgaben übertragen.

---

[1]) Die Stichworte und Absatzziffern befinden sich **n i c h t** im Verordnungswortlaut.

**Fürsorgeverbände.** § 2.

I Das Land bestimmt, wer Landesfürsorgeverband und wer Bezirksfürsorgeverband ist, sowie welche der Aufgaben die Landesfürsorgeverbände und welche davon die Bezirksfürsorgeverbände zu erfüllen haben.

II Ein Land kann mehrere Landesfürsorgeverbände oder Zweigverbände solcher bilden; mehrere Länder können sich oder Teile ihres Gebiets zu gemeinsamen Landesfürsorgeverbänden zusammenschließen.

III Das Land kann zu Bezirksfürsorgeverbänden Gemeinden oder Gemeindeverbände erklären oder besondere Fürsorgeverbände bilden und ihre Einrichtung bestimmen. Die Bezirksfürsorgeverbände sind so zu bestimmen, daß sie ihren Aufgaben gewachsen sind.

IV Das Land bestimmt, wie der Aufwand seiner Fürsorgeverbände zu decken ist, insbesondere inwieweit diese andere Fürsorgeverbände, Gemeinden oder Gemeindeverbände an ihren Lasten beteiligen können und inwieweit die Landesfürsorgeverbände die Kosten gemeinsamer Einrichtungen aller oder einzelner Bezirksfürsorgeverbände zu tragen, die Lasten auszugleichen oder Zuschüsse an nicht leistungsfähige Fürsorgeverbände zu leisten haben.

V Das Land kann die Ersatz- und Übernahmepflicht seiner Fürsorgeverbände im Verhältnis zueinander abweichend von dieser Verordnung regeln.

**Fürsorgebehörden. Verfahren.** § 3.

I Welche Behörden oder sonstige Stellen die Aufgaben der Landes- und Bezirksfürsorgeverbände durchzuführen haben, bestimmt das Land; die Fürsorgeaufgaben desselben örtlichen Bereichs sollen tunlichst von der gleichen Stelle durchgeführt werden.

II Das Land regelt im Rahmen der reichsrechtlichen Vorschriften Verfahren, Beschwerde und Aufsicht. Es bestimmt, in welcher Weise Personen aus dem Kreise der Hilfsbedürftigen bei der Durchführung der Fürsorge zu beteiligen sind; es bestimmt ferner, inwieweit die Gemeinden von den Fürsorgeverbänden und die Bezirksfürsorgeverbände von den Landesfürsorgeverbänden zur Durchführung ihrer Aufgaben herangezogen werden können.

III Das Land kann Aufgaben, die diese Verordnung den

Fürsorgeverbänden überträgt, auch Versicherungsträgern unter deren Verantwortung widerruflich übertragen, sofern sie damit einverstanden sind.

**Rechtsfähigkeit.** § 4.

Die Fürsorgeverbände sind Körperschaften des öffentlichen Rechtes. Das Land kann bestimmten Zwecken dienenden Teilen ihres Vermögens gesonderte Rechtsfähigkeit verleihen.

**Freie Wohlfahrtspflege.** § 5.

I Das Land kann einzelne der Aufgaben, die diese Verordnung den Fürsorgeverbänden überträgt, unter seiner Verantwortung auch Verbänden oder Einrichtungen der freien Wohlfahrtspflege übertragen, sofern sie damit einverstanden sind.

II Der Fürsorgeverband kann einzelne seiner Aufgaben unter seiner Verantwortung derartigen Verbänden oder Einrichtungen übertragen, sofern sie damit einverstanden sind. Das Land kann sich die Zustimmung dazu vorbehalten; es kann die Übertragung nach Anhörung des Fürsorgeverbandes und der Vertretung der beteiligten freien Wohlfahrtspflege zurücknehmen, wenn ein wichtiger Grund dazu vorliegt.

III Die Fürsorgeverbände sollen eigene Einrichtungen nicht neu schaffen, soweit geeignete Einrichtungen der freien Wohlfahrtspflege ausreichend vorhanden sind.

IV Die Fürsorgestellen (§ 3) sollen für ihren Bereich Mittelpunkt der öffentlichen Wohlfahrtspflege und zugleich Bindeglied zwischen öffentlicher und freier Wohlfahrtspflege sein; sie sollen darauf hinwirken, daß öffentliche und freie Wohlfahrtspflege sich zweckmäßig ergänzen und in Formen zusammenarbeiten, die der Selbständigkeit beider gerecht werden. Die Reichsregierung kann mit Zustimmung des Reichsrats und eines Ausschusses des Reichstags Grundsätze für diese Zusammenarbeit aufstellen; solange und soweit dies nicht geschieht, können es die Länder.

## B. Umfang der Fürsorge.

§ 6.

I Voraussetzung, Art und Maß der zu gewährenden Fürsorge bestimmt im Rahmen der reichsrechtlichen Vorschriften das Land.

II Mit Zustimmung des Reichsrats kann die Reichsregierung Grundsätze*) hierüber aufstellen.

*) Abgedruckt unten S. 22 ff.

## C. Zuständigkeit.

**Vorläufige u. endgültige Fürsorgepflicht.**

§ 7.

I Jeder hilfsbedürftige Deutsche muß vorläufig von demjenigen Bezirksfürsorgeverband unterstützt werden, in dessen Bezirk er sich bei Eintritt der Hilfsbedürftigkeit befindet.

II Zur Fürsorge endgültig verpflichtet ist derjenige Bezirksfürsorgeverband, in dessen Bezirk der Hilfsbedürftige bei Eintritt der Hilfsbedürftigkeit den gewöhnlichen Aufenthalt hat; ist ein solcher nicht vorhanden oder zu ermitteln, so ist derjenige Landesfürsorgeverband endgültig verpflichtet, dem der vorläufig verpflichtete Bezirksfürsorgeverband angehört.

III Der Bezirksfürsorgeverband des Ortes, an dem die Familie Wohnung und Haushalt hat, ist zur Fürsorge für die Mitglieder der Familie endgültig verpflichtet, auch wenn sie bei Eintritt der Hilfsbedürftigkeit ihren Aufenthalt an einem anderen Orte hatten.

IV Zur Familie im Sinne dieser Vorschrift gehören Ehegatten und Verwandte auf- und absteigender Linie.

**Uneheliche Kinder.**

§ 8.

I Wird ein uneheliches Kind innerhalb von sechs Monaten nach der Geburt hilfsbedürftig, so ist derjenige Bezirksfürsorgeverband endgültig verpflichtet, in dessen Bezirk die Mutter im zehnten Monat vor der Geburt zuletzt ihren gewöhnlichen Aufenthalt gehabt hat, oder in Ermangelung eines solchen der Landesfürsorgeverband, in dessen Bezirk sie sich in diesem Monat zuletzt aufgehalten hat. Ist ein solcher Bezirks- oder Landesfürsorgeverband nicht vorhanden oder nicht zu ermitteln, so ist der Landesfürsorgeverband zuständig, dem der vorläufig verpflichtete Bezirksfürsorgeverband angehört.

II Das gleiche gilt für die uneheliche Mutter hinsichtlich der innerhalb von sechs Monaten nach der Geburt des Kindes notwendig werdenden Fürsorgemaßnahmen, auch wenn die Hilfsbedürftigkeit vor der Geburt eingetreten ist, es sei denn, daß die Hilfsbedürftigkeit offensichtlich außer Zusammenhang mit der Geburt steht.

**Anstaltsinsassen. Kinder in Pflege.**

§ 9.

I Durch den Eintritt oder die Einlieferung in eine Kranken-, Entbindungs-, Heil-, Pflege- oder sonstige Fürsorgeanstalt, in eine Erziehungsanstalt oder eine Straf-, Arbeits- oder sonstige Zwangsanstalt wird an dem Anstaltsort ein gewöhnlicher Aufenthalt nicht begründet.

II Tritt die Hilfsbedürftigkeit während des Aufenthalts in einer derartigen Anstalt oder bei der Entlassung daraus ein, so ist der Fürsorgeverband endgültig verpflichtet, der es bei dem Eintritt oder der Einlieferung in die Anstalt gewesen wäre.

III Entsprechendes gilt für die Unterbringung von Kindern in Pflege.

**Geschäftsunfähigkeit.** § 10.

Der Einwand, daß ein Aufenthalt wegen Mangels der Geschäftsfähigkeit oder der Willenserklärung nicht habe begründet oder aufgehoben werden können, ist unzulässig.

**Dienst- u. Arbeitsort.** § 11.

I Erkrankt eine Person, die an einem Orte mindestens eine Woche hindurch gegen Lohn oder Gehalt in einem und demselben Dienst- oder Arbeitsverhältnis gestanden hat, während der Fortdauer dieses Dienst- oder Arbeitsverhältnisses oder innerhalb einer Woche nach seiner Beendigung, so hat der Bezirksfürsorgeverband des Dienst- oder Arbeitsorts die Kosten der erforderlichen Kur und Verpflegung für die ersten 26 Wochen nach dem Beginne der Krankenpflege endgültig zu tragen oder, wenn die Krankenpflege von einem anderen Fürsorgeverbande gewährt worden ist, diesem zu erstatten.

II Die Verpflichtung des Bezirksfürsorgeverbandes des Dienst- oder Arbeitsorts erstreckt sich auf die Fälle der Erkrankung der Ehefrau und der noch nicht 16 Jahre alten Kinder des Dienstverpflichteten oder Arbeiters, die sich bei ihm befinden, sofern nicht ein anderer Bezirksfürsorgeverband deshalb verpflichtet ist, weil die Ehefrau oder die Kinder selbst im Dienst- oder Arbeitsverhältnis gestanden haben.

III Wird im Falle der Erkrankung einer der vorbezeichneten Personen Kur und Verpflegung auf Kosten einer Krankenkasse gewährt und muß bei Beendigung der Leistungen der Krankenkasse die Fürsorge eintreten, so sind die Kosten der letzteren von dem Bezirksfürsorgeverbande des Dienst- oder Arbeitsorts in derselben Weise zu tragen oder zu erstatten, wie wenn die Fürsorge schon in dem Zeitpunkt eingetreten wäre, in welchem die Leistungen der Krankenkasse begonnen haben.

IV Entsprechendes gilt für Lehrlinge.

V Schwangerschaft an sich ist nicht als eine Krankheit im Sinne der vorstehenden Bestimmung anzusehen.

**Auslandsdeutsche.**

## § 12.

I Sind Deutsche, staatlose ehemalige Deutsche oder staatlose Personen deutscher Abkunft beim freiwilligen oder erzwungenen Übertritt aus dem Ausland hilfsbedürftig oder werden sie es binnen eines Monats nachher, so ist endgültig verpflichtet der Bezirksfürsorgeverband, in dem der Hilfsbedürftige innerhalb des letzten Jahres vor dem Austritt aus dem Reichsgebiete zuletzt seinen gewöhnlichen Aufenthalt gehabt hat.

II Ist ein solcher nicht zu ermitteln oder hat die Abwesenheit aus dem Reichsgebiete länger als ein Jahr gedauert, so ist zur Fürsorge für Deutsche oder staatlose ehemalige Deutsche das Land endgültig verpflichtet, dessen Staatsangehörigkeit der Hilfsbedürftige besitzt oder zuletzt besessen hat, im übrigen das Land, das die Reichsregierung oder die von ihr bestimmte Stelle für endgültig verpflichtet erklärt.

III Die Verpflichtung zur Fürsorge für staatlose ehemalige Deutsche erstreckt sich auf Ehefrauen und minderjährige Kinder, auch wenn diese die Reichsangehörigkeit nicht besessen haben, diejenige für staatlose Personen deutscher Abkunft auch auf Ehefrauen nichtdeutscher Abkunft.

IV Das Land bestimmt, welcher seiner Fürsorgeverbände die ihm obliegende Fürsorgepflicht endgültig zu erfüllen hat. Soweit die Reichsregierung oder die von ihr bestimmte Stelle ein Land für endgültig verpflichtet erklärt, erstattet das Reich diesem Lande die Kosten der Fürsorge.

V Bis zur Übernahme der Fürsorge durch den endgültig verpflichteten Fürsorgeverband hat der Bezirksfürsorgeverband die Fürsorge zu leisten, in dessen Bezirk der Hilfsbedürftige sich befindet. Dieser Bezirksfürsorgeverband kann, wenn das Land nichts anderes bestimmt, von dem Landesfürsorgeverbande, dem er angehört, die vorschußweise Zahlung der aufzuwendenden Kosten verlangen.

**Ausländer.**

## § 13.

Ein Ausländer muß vorläufig von dem Bezirksfürsorgeverband unterstützt werden, in dessen Bezirk er sich bei Eintritt der Hilfsbedürftigkeit befindet. Das Land, dem der Bezirksfürsorgeverband angehört, hat ihm die Kosten zu ersetzen, es sei denn, daß ein Landesgesetz etwas anderes bestimmt.

**Kostenersatz, Übernahme.** § 14.

I Der vorläufig Fürsorge gewährende Fürsorgeverband kann von dem endgültig verpflichteten Fürsorgeverband Ersatz der Kosten und Übernahme des Hilfsbedürftigen in eigene Fürsorge verlangen. Der zur Übernahme verpflichtete Fürsorgeverband trägt die Kosten der Überführung. Er kann die Übergabe verlangen.

II Der Bezirksfürsorgeverband des Ortes, an dem die Familie Wohnung und Haushalt hat, ist nur zur Übernahme des hilfsbedürftigen Familienmitglieds verpflichtet.

III Leben die Ehefrau oder Kinder bis zu 16 Jahren mit dem Hilfsbedürftigen an einem Orte zusammen, so kann nur die gleichzeitige Übergabe oder Übernahme auch dieser Personen verlangt werden.

IV Übergabe oder Übernahme kann nicht verlangt werden:

a) bei nur vorübergehender Hilfsbedürftigkeit,
b) wenn eine Trennung der hilfsbedürftigen Ehefrau von dem Ehemann oder des hilfsbedürftigen Kindes von den Eltern oder einem Elternteil eintreten würde,
c) wenn sie eine offensichtliche Härte bedeuten oder zur Gefährdung eines Familienangehörigen führen würde.

**Fortdauer der Hilfsbedürftigkeit.** § 15.

Die Pflicht zur endgültigen Fürsorge dauert, soweit nichts anderes bestimmt ist, bis zur Beendigung der Hilfsbedürftigkeit.

## D. Kostenersatz.

**Höhe des Kostenersatzes.** § 16.

I Die Höhe der zu ersetzenden Kosten richtet sich nach den Grundsätzen, die am Unterstützungsorte für die Unterstützung Hilfsbedürftiger gleicher Art gelten. Allgemeine Verwaltungskosten des Fürsorgeverbandes dürfen nicht angerechnet werden.

II Für den Kostenersatz können Tarife aufgestellt werden, und zwar für den Kostenersatz zwischen den Fürsorgeverbänden desselben Landes durch die Landesregierung, sonst durch die Reichsregierung mit Zustimmung des Reichsrats.

III Ersatz kann nicht verlangt werden, wenn die für den einzelnen Hilfsbedürftigen aufgewendeten Kosten weniger als zehn Goldmark betragen.

**Abschiebung.** § 17.

I Ist die Unterstützungspflicht eines Fürsorgeverbandes durch eine pflichtwidrige oder gegen Treu und Glauben verstoßende Handlung entstanden, die ein anderer Fürsorgeverband zu vertreten hat (Abschiebung), so kann der dadurch belastete Fürsorgeverband von dem anderen außer der Übernahme Ersatz der Fürsorgekosten und Vergütung für seinen Verwaltungsmehraufwand verlangen; er kann dabei, auch wenn für den Ersatz Tarife bestehen, die tatsächlichen Aufwendungen und als Vergütung für Mehrarbeit ohne weiteren Nachweis 25 vom Hundert des Tarifsatzes oder der tatsächlichen Aufwendungen ansetzen.

II Das gleiche gilt, wenn ein Fürsorgeverband die verlangte Übernahme eines Hilfsbedürftigen (§ 14) schuldhaft verzögert oder unterläßt, von dem Zeitpunkt ab, in dem er die Übernahme hätte vollziehen können.

III Verzögert oder unterläßt ein Fürsorgeverband schuldhaft die verlangte Übergabe des Hilfsbedürftigen, so verwirkt er den Ersatzanspruch von dem Zeitpunkt ab, in dem er die Übergabe hätte vollziehen können.

IV Geht in einem zwischen den Fürsorgeverbänden anhängigen Streitverfahren hervor, daß der eine Fürsorgeverband den Ersatz völlig unberechtigt abgelehnt oder gefordert hat, so kann der andere Vergütung für seinen Verwaltungsmehraufwand verlangen, und zwar ohne weiteren Nachweis in Höhe von 25 vom Hundert des streitigen Betrags.

**Ersatzanspruch, Anmeldung.** § 18.

I. Der Fürsorgeverband, der von einem anderen Kostenersatz verlangen will, hat ihm dies spätestens binnen drei Monaten nach begonnener Unterstützung anzumelden.

II Er kann dabei eine Frist mit der Wirkung setzen, daß die Erstattungspflicht als abgelehnt gilt, wenn sie nicht bis zu ihrem Ablauf anerkannt wird. Die Frist muß wenigstens vierzehn Tage betragen.

III Kann er den ersatzpflichtigen Fürsorgeverband nicht ermitteln, so meldet er den Ersatzanspruch bei seiner Aufsichtsbehörde an.

IV Unterläßt er die Anmeldung innerhalb der Frist, so sind nur die Kosten ersatzfähig, die drei Monate vor der Anmeldung entstanden sind oder nachher entstehen.

## E. Arbeitspflicht und Unterhaltspflicht.

Arbeitsanweisung.

§ 19.

Die Unterstützung Arbeitsfähiger kann in geeigneten Fällen durch Anweisung angemessener Arbeit gemeinnütziger Art gewährt oder von der Leistung solcher Arbeit abhängig gemacht werden, es sei denn, daß dies eine offensichtliche Härte bedeuten würde oder ein Gesetz dem entgegensteht.

Arbeitszwang.

§ 20.

I Wer, obwohl arbeitsfähig, infolge seines sittlichen Verschuldens der öffentlichen Fürsorge selbst anheimfällt oder einen Unterhaltsberechtigten anheimfallen läßt, kann von der Verwaltungsbehörde auf Antrag des vorläufig oder endgültig verpflichteten Fürsorgeverbandes oder desjenigen, der dem Fürsorgeverbande die Kosten der Unterstützung zu ersetzen hat, in einer vom Lande als geeignet anerkannten Anstalt oder sonstigen Arbeitseinrichtung zur Arbeit untergebracht werden, wenn er Arbeit beharrlich ablehnt oder sich der Unterhaltspflicht beharrlich entzieht.

II Als unterhaltsberechtigt im Sinne dieser Vorschrift gilt auch ein uneheliches Kind demjenigen gegenüber, der in öffentlicher Urkunde sich zur Unterhaltszahlung verpflichtet hat oder rechtskräftig dazu verurteilt ist.

III Die Unterbringung ist unzulässig, wenn sie eine außergewöhnliche Härte bedeuten würde; sie darf nicht in einer Strafanstalt erfolgen.

IV Die Länder können Vorschriften über weitere Voraussetzungen und Dauer der Unterbringung, über die Zuständigkeit und das Verfahren erlassen.

Unterhaltspflicht.

§ 21.

I Die Verpflichtungen Dritter, einen Hilfsbedürftigen zu unterstützen, werden durch diese Verordnung nicht berührt.

II Der Fürsorgeverband, der auf Grund dieser Verordnung einen Hilfsbedürftigen unterstützt hat, kann zum Ersatze Rechtsansprüche, die der Hilfsbedürftige einem Dritten gegenüber hat, in dem Maße und unter denselben Voraussetzungen geltend machen, wie der Hilfsbedürftige selbst. Das gilt auch dann, wenn er einen Ersatzanspruch gegenüber einem anderen Fürsorgeverbande hat.

**Ersatzpflicht der Kinder.** § 22.

I Der Fürsorgeverband kann in den Grenzen des notdürftigen Unterhalts Ersatz seiner Aufwendungen von den Kindern des Hilfsbedürftigen auch dann verlangen, wenn sie nach den Vorschriften des Bürgerlichen Rechtes (§ 1603 BGB.) lediglich deshalb nicht unterhaltungspflichtig sind, weil sie sonst ihren standesmäßigen Unterhalt gefährden würden.

II Dies gilt nicht, wenn der in Anspruch Genommene aus dem gleichen Grunde nicht verpflichtet ist, seiner Ehefrau oder seinen Kindern den standesmäßigen Unterhalt zu gewähren, oder wenn durch die Ersatzleistungen sein Fortkommen oder das seiner Ehefrau oder Kinder unbillig erschwert würde.

**Verwaltungsverfahren.** § 23.

I Der Unterhalts- oder Ersatzpflichtige kann auf Antrag des vorläufig oder endgültig verpflichteten Fürsorgeverbandes im Verwaltungswege zum Kostenersatz oder zur Erfüllung seiner Unterhaltspflicht angehalten werden.

II Bestreitet er die Unterhaltspflicht, so kann die Verwaltungsbehörde vorbehaltlich des ordentlichen Rechtswegs die Unterhaltspflicht feststellen.

III Zuständigkeit und Verfahren bestimmt das Land. Die Entscheidung ist vorläufig vollstreckbar.

IV Zur Durchführung des Verwaltungsverfahrens haben sich Verwaltungsbehörden und Gerichte Rechtshilfe zu leisten.

V Verneint ein im ordentlichen Rechtsweg ergehendes Urteil rechtskräftig die von der Verwaltungsbehörde festgestellte Unterhaltspflicht, so hat der Fürsorgeverband dem in Anspruch Genommenen seine Leistungen oder Mehrleistungen zu ersetzen.

**Anstalten.** § 24.

Eine Anstalt (§ 9) kann zur Deckung ihrer Verpflegungskosten für ihre Insassen Anträge auf Fürsorgeleistungen stellen und die Leistungen in Empfang nehmen. Der Fürsorgeverband kann Auszahlungen von der Vorlage einer Vollmacht abhängig machen und den Betrag bestimmen, der dem Hilfsbedürftigen unmittelbar zugewendet werden muß.

Ersatzpflicht Hilfsbedürftiger.

§ 25.

I Das Land bestimmt im Rahmen der reichsrechtlichen Vorschriften, inwieweit ein Hilfsbedürftiger, der zu hinreichendem Vermögen oder Einkommen gelangt, die aufgewendeten Kosten dem Fürsorgeverbande zu ersetzen hat.

II Der Ersatzanspruch kann auch gegenüber dem Erben des Hilfsbedürftigen geltend gemacht werden; er gilt als Nachlaßverbindlichkeit (§ 1967 BGB.).

Verjährung.

§ 26.

Ersatzansprüche, die ein Fürsorgeverband auf Grund dieser Verordnung erheben kann, verjähren in zwei Jahren vom Ablauf des Jahres ab, in dem der Anspruch entstanden ist.

## F. Schluß- und Übergangsvorschriften.

Rechtshilfe. Auskunft.

§ 27.

I Die Verwaltungsbehörden sind verpflichtet, den im Vollzuge dieser Verordnung an sie ergehenden Ersuchen der Fürsorgestellen (§ 3) zu entsprechen. Diese Rechtshilfe haben auch die Fürsorgestellen einander sowie die Organe der Versicherungsträger zu leisten. Die Finanzbehörden haben den Fürsorgestellen Auskunft zu geben über die ihnen bekannten Einkommens- und Vermögensverhältnisse des Hilfsbedürftigen und des Unterhalts- oder Ersatzpflichtigen, die Arbeitgeber über Art und Dauer der Beschäftigung und über den Arbeitsverdienst.

II Die Unterhalts- oder Ersatzpflichtigen haben den Fürsorgestellen bei Anfragen Auskunft über alle für die Fürsorge erheblichen Tatsachen zu geben.

Gebührenfreiheit.

§ 28.

Verhandlungen und Urkunden, insbesondere Vollmachten und amtliche Bescheinigungen, die bei Beantragung, Feststellung, Auszahlung oder Ersatz einer nach dieser Verordnung zu leistenden öffentlichen Unterstützung nötig werden, sind stempel- und gebührenfrei.

Unterstützungswohnsitzgesetz, Verfahren.

§ 29.

Das Reichsgesetz über den Unterstützungswohnsitz in der Fassung vom 30. Mai 1908 (Reichsgesetzbl. S. 381) wird aufgehoben. Bis zur Neuregelung des Rechtsverfahrens werden jedoch Streitigkeiten zwischen Fürsorgeverbänden nach den Bestimmungen der §§ 37 bis 57, 58 Abs. 2 dieses Gesetzes entschieden.

**Armenrechtl. Ausweisung.** § 30.

§ 5 des Gesetzes über die Freizügigkeit vom 1. November 1867 (Bundesgesetzbl. S. 55) wird durch folgende Vorschrift ersetzt:

I Einem Hilfsbedürftigen, dem Armenfürsorge gewährt wird, kann die Fortsetzung des Aufenthalts in einer Gemeinde versagt werden, wenn diese nicht im Bezirke des endgültig verpflichteten Fürsorgeverbandes liegt und die Übernahme durch den endgültig verpflichteten Fürsorgeverband verlangt werden kann (§ 14 der Verordnung über die Fürsorgepflicht vom 13. Februar 1924, Reichsgesetzbl. I S. 103). Die Versagung muß sich zugleich gegen die Personen richten, deren gleichzeitige Übergabe oder Übernahme nach der angeführten Verordnung verlangt werden muß.

II Dies gilt nicht für uneheliche, vollverwaiste oder getrennt von beiden Elternteilen untergebrachte eheliche Minderjährige.

**Landesrecht.** § 31.

Soweit nach Landesrecht eine gesetzliche Regelung erforderlich ist, werden bis dahin die in dieser Verordnung den Ländern vorbehaltenen Bestimmungen von den Landesregierungen erlassen; diese können bis dahin auch mit Gesetzeskraft feststellen, welche von dieser Verordnung berührten landesrechtlichen Vorschriften noch gelten oder als aufgehoben anzusehen sind.

**Aufhebung v. Reichsgesetzen, Übergangsregelung.** § 32.

I Aufgehoben werden

a) das Reichsgesetz über Notstandsmaßnahmen zur Unterstützung von Rentenempfängern der Invaliden- und Angestelltenversicherung vom 7. Dezember 1921 (Reichsgesetzblatt S. 1533) nebst seinen Ergänzungsgesetzen und -verordnungen,

b) das Gesetz über Kleinrentnerfürsorge vom 4. Februar 1923 (Reichsgesetzbl. I S. 104),

c) das Gesetz über die Kosten der Kriegsbeschädigten- und Kriegshinterbliebenenfürsorge vom 8. Mai 1920 (Reichsgesetzbl. S. 1066) sowie alle sonstigen Vorschriften, nach denen das Reich Kosten der sozialen Fürsorge im Sinne des Reichsversorgungsgesetzes zu tragen hat,

d) das Gesetz über die Wochenfürsorge vom 9. Juni 1922 (Reichsgesetzbl. I S. 502) und die Verordnung über Wochenfürsorge vom 18. August 1923 (Reichsgesetzbl. I S. 816).

II Bis zum Erlasse neuer Vorschriften gelten die bisherigen Bestimmungen über die Fürsorge für Rentenempfänger der Invaliden- und Angestelltenversicherung, Kleinrentner, Kriegsbeschädigte und Kriegshinterbliebene sowie diejenigen über Wochenfürsorge, soweit sie Voraussetzung, Art und Maß der Fürsorge betreffen, als Vorschriften im Sinne des § 6.

III Die Heranziehung von Personen aus dem Kreise der Fürsorgeberechtigten bei Festsetzung von Art und Höhe der Fürsorgeleistungen ist im bisherigen Umfang sicherzustellen.

IV. Im § 14 Abs. 2 der Verordnung über die Auflösung der Flüchtlingslager vom 17. Dezember 1923 (Reichsgesetzbl. I S. 1202) werden die Worte „nach Maßgabe des Gesetzes über den Unterstützungswohnsitz" durch „nach Maßgabe der Verordnung über die Fürsorgepflicht vom 13. Februar 1924 (Reichsgesetzbl. I S. 100)" und das Wort „Armenverbände" durch „Fürsorgeverbände" ersetzt.

**Schwerbeschädigtengesetz.**

§ 33.

Das Gesetz über die Beschäftigung Schwerbeschädigter in der Fassung vom 12. Januar 1923 (Reichsgesetzbl. I S. 57) wird durch folgende Vorschrift ergänzt:

„§ 27. Die Landeszentralbehörden können die in diesem Gesetze den Hauptfürsorgestellen und Fürsorgestellen übertragenen Aufgaben auch anderen Behörden übertragen unter der Voraussetzung, daß eine den Vorschriften dieses Gesetzes entsprechende Mitwirkung der Beteiligten gesichert ist."

**Soziale Kb.- u. Kh.-Fürsorge.**

§ 34.

In der Verordnung über die soziale Kriegsbeschädigten- und Kriegshinterbliebenenfürsorge vom 8. Februar 1919 (Reichsgesetzbl. S. 187) wird § 1 Satz I durch folgende Vorschrift ersetzt:

„Die soziale Fürsorge für Kriegsbeschädigte und Kriegshinterbliebene wird von den Landes- und Bezirksfürsorgeverbänden nach Maßgabe der Grundsätze erfüllt, die die Reichsregierung mit Zustimmung des Reichsrats aufstellt."

§ 2 wird durch folgende Vorschrift ersetzt:

I „Der beim Reichsarbeitsministerium errichtete Reichsausschuß der Kriegsbeschädigten- und Kriegshinterbliebenenfürsorge ist Körperschaft des öffentlichen Rechtes. Er setzt sich zusammen aus acht Vertretern der Hauptfürsorgestellen der Kriegsbeschädigten- und Kriegshinterbliebenenfürsorge, acht Vertretern solcher Vereinigungen der Kriegsbeschädigten und Kriegshinterbliebenen, die ihre Wirksamkeit auf das Reich erstrecken und eine entsprechende Mitgliederzahl haben, ferner aus drei Vertretern aus den Kreisen sozial erfahrener Personen.

II Welche Hauptfürsorgestellen und Vereinigungen von Kriegsbeschädigten und Kriegshinterbliebenen Vertreter in den Reichsausschuß entsenden, bestimmt der Reichsarbeitsminister nach Anhörung der Beteiligten; er beruft auch die sozial erfahrenen Personen.

III Die Satzung des Reichsausschusses und ihre Änderung bedürfen der Genehmigung des Reichsarbeitsministers.

IV Die Reichsregierung kann mit Zustimmung des Reichsausschusses seine Aufgaben auch anderen Körperschaften übertragen, in denen die Kriegsbeschädigten und Kriegshinterbliebenen vertreten sind."

Im § 4 werden die Vorschriften unter Nr. 1 und 3 gestrichen.

§ 10 erhält folgenden Zusatz:

„Sie können die Aufgaben der Hauptfürsorgestellen und Fürsorgestellen auch anderen Behörden übertragen unter der Voraussetzung, daß ihnen Beiräte nach Maßgabe der §§ 6 und 7 zur Seite gestellt werden oder die Mitwirkung von Vertretern der Kriegsbeschädigten und Kriegshinterbliebenen in anderer Weise hinreichend gesichert ist. Sie können ferner das Beschwerdeverfahren abweichend von den Vorschriften der §§ 7 und 9 regeln, sofern die Mitwirkung von Vertretern der Kriegsbeschädigten und Kriegshinterbliebenen wenigstens in einem Rechtszug gesichert ist."

§ 11 wird aufgehoben.

**Reichsversorgungsgesetz u. a.** § 35.

Aufgehoben werden ferner:

a) § 22 Abs. 2 des Reichsversorgungsgesetzes vom 12. Mai 1920 in der Fassung vom 30. Juni 1923 (Reichsgesetzbl. I S. 523),

b) § 5 des Altrentnergesetzes vom 18. Juli 1921 in der Fassung vom 30. Juni 1923 (Reichsgesetzbl. I S. 542),

c) die Bekanntmachung, betreffend Einwirkungen der Flüchtlingsfürsorge auf das Armenrecht, vom 16. Mai 1918 (Reichsgesetzbl. S. 409).

**Ersatzansprüche in der Übergangszeit.**

### § 36.

I Ersatzansprüche von Armen-, Fürsorge- oder anderen öffentlich-rechtlichen Verbänden auf Grund der bisherigen Bestimmungen können nach Inkrafttreten dieser Verordnung derartigen Verbänden gegenüber nicht mehr geltend gemacht werden, wenn ihr Betrag weniger als zehn Goldmark beträgt; Kosten, die ersetzt sind, können nicht mehr zurückgefordert werden.

II Ein Verband, der bisher nur vorläufig verpflichtet ist, kann nach dem Inkrafttreten dieser Verordnung von einem anderen Ersatz nicht mehr verlangen, wenn er nach den Bestimmungen dieser Verordnung endgültig verpflichtet wäre.

III Ein Verband, dessen endgültige Verpflichtung zur Fürsorge vor Inkrafttreten dieser Verordnung durch Anerkennung oder durch rechtskräftige Entscheidung festgestellt ist, bleibt bis zur Beendigung der Hilfsbedürftigkeit endgültig verpflichtet. Geht er in einem anderen Verband auf, so tritt dieser, sofern das Land den Übergang nicht anders regelt, an seine Stelle.

**Reichstag, Mitwirkung.**

### § 37.

Die in dieser Verordnung vorgesehene Zustimmung eines Ausschusses des Reichstags ist nicht erforderlich, wenn der Reichstag vertagt oder aufgelöst ist. Die erlassenen Vorschriften sind dem Reichstag nach seinem Zusammentritte von der Reichsregierung mitzuteilen und auf sein Verlangen außer Kraft zu setzen.

**Auslegungsgrundsätze mit Gesetzeskraft.**

### § 38.

Die Reichsregierung kann mit Zustimmung des Reichsrats Grundsätze für die Auslegung dieser Verordnung aufstellen und bestimmen, daß und inwieweit der gewöhnliche Aufenthalt an einem Orte erst nach Ablauf einer Frist als begründet gilt, und daß mit seiner Verlegung sich die endgültige Fürsorgepflicht trotz Fortdauer der Hilfsbedürftigkeit allgemein oder für bestimmte Gruppen von Hilfsbedürftigen ändert.

**Inkrafttreten.** § 39.

Diese Verordnung tritt am 1. April 1924 in Kraft. Die Reichsregierung kann mit Zustimmung des Reichsrats den Zeitpunkt des Inkrafttretens hinausschieben; sie muß es auf Antrag des Reichsrats, wenn nicht bis 1. April 1924 die Neuregelung des Finanzausgleichs in Kraft tritt.

Berlin, den 13. Februar 1924.

Der Reichskanzler
Marx
Der Reichsarbeitsminister
Dr. Brauns
Der Reichsminister des Innern
Dr. Jarres

---

## 2.

## Grundsätze [1]) über Voraussetzung, Art und Maß öffentlicher Fürsorgeleistungen vom 27. März 1924.
(RGBl. I 379.)

Auf Grund des § 6 Abs. 2 der Verordnung über die Fürsorgepflicht vom 13. Februar 1924 (RGBl. I S. 100) in Verbindung mit § 32 Abs. 2 dieser Verordnung und Artikel II Satz 2 der Verordnung über das Inkrafttreten des Reichsgesetzes für Jugendwohlfahrt vom 14. Februar 1924 (RGBl. I S. 110) sowie auf Grund des § 1 Satz 1 der Verordnung über die soziale Kriegsbeschädigten- und Kriegshinterbliebenenfürsorge vom 8. Februar 1919 (RGBl. S. 187) in der Fassung des § 34 der Verordnung über die Fürsorgepflicht werden mit Zustimmung des Reichsrats über Voraussetzung, Art und Maß der zu gewährenden Fürsorge folgende Grundsätze aufgestellt:

1. Im Falle der Hilfsbedürftigkeit ist — erforderlichenfalls auch ohne Antrag — als Mindestmaß der unentbehrliche Lebensunterhalt, insbesondere Obdach, Nahrung, Kleidung, die erforder-

---

[1]) Vorläufige Grundsätze. Seit. 1. 1. 25 ersetzt durch die (endgültigen) Reichsgrundsätze vom 4. 12. 24 (abgedr. S. 22).

liche Pflege in Krankheitsfällen und nach dem Ableben ein angemessenes Begräbnis zu gewähren. Hilfsbedürftigen Schwangeren und Wöchnerinnen ist die erforderliche Fürsorge zu gewähren.

2. Für hilfsbedürftige Minderjährige gilt § 49 Abs. 1 und 2 des Reichsgesetzes für Jugendwohlfahrt vom 9. Juni 1922 (RGBl. I S. 633).

3. Darüber hinaus gelten über die Fürsorge für Kriegsbeschädigte, Kriegshinterbliebene, Sozial- und Kleinrentner die bisherigen Bestimmungen mit Ausnahme der Höchstsätze für Sozial- und Kleinrentner.

4. Art und Maß der Fürsorge richtet sich nach dem Einzelfalle.

5. Bei Kriegsbeschädigten und Kriegshinterbliebenen soll in der Regel, soweit es sich um Maßnahmen der sozialen Fürsorge handelt, eine Erstattung der aufgewendeten Kosten — § 25 der Verordnung über die Fürsorgepflicht — nicht beansprucht werden. Unterhaltspflichtige sollen zum Ersatz der Aufwendungen nur in besonderen Fällen und nur dann herangezogen werden, wenn es sich um besondere Aufwendungen handelt, die nicht auf Grund des § 21 des Reichsversorgungsgesetzes in der Fassung vom 30. Juni 1923 (RGBl. I S. 523) gewährt worden sind.

6. Anrechnungsfrei sollen in der Regel bleiben die Schwerbeschädigtenzulage nach § 27, die Pflegezulage nach § 31 und die Rente, die einer Witwe nach § 37 Abs. 2 oder 3 des Reichsversorgungsgesetzes zusteht, insoweit ihr Betrag die Rente nach Abs. 1 übersteigt, ferner die Hilflosenrente nach §§ 560, 930, 1065 der Reichsversicherungsordnung, insoweit sie die Rente des völlig Erwerbsunfähigen übersteigt.

Ferner ist Hilfsbedürftigen, die trotz starker Beschränkung ihrer Erwerbsfähigkeit unter Aufbietung besonderer Tatkraft einem Erwerbe nachgehen, ein angemessener Teil des Arbeitsverdienstes bei der Berechnung des zur Deckung des unentbehrlichen Lebensunterhalts erforderlichen Einkommens in der Regel frei zu lassen.

7. Bei Durchführung des § 19 der Verordnung über die Fürsorgepflicht sollen, soweit nicht bestehende Gesetze, wie das Gesetz über die Beschäftigung Schwerbeschädigter in der Fassung vom 12. Januar 1923 (RGBl. I S. 57) und das Reichsversorgungsgesetz, etwas anderes bestimmen, die persönlichen Verhält-

nisse, insbesondere die berufliche Ausbildung und bisherige soziale Lage des Hilfsbedürftigen, berücksichtigt werden.

8. **Diese Grundsätze gelten bis zum 1. Juli 1924.** [2])

Berlin, den 27. März 1924.

Der Reichsarbeitsminister
Dr. Brauns

Der Reichsminister des Innern
In Vertretung:
Zweigert.

---

## 3.

## Reichsgrundsätze über Voraussetzung, Art und Maß der öffentlichen Fürsorge vom 4. Dez. 1924.

(RGBl. I S. 765.)

Auf Grund des § 6 Abs. 2 in Verbindung mit § 32 Abs. 2 der Verordnung über die Fürsorgepflicht vom 13. Februar 1924 (RGBl. I S. 100),

des § 1 Abs. 1 der Verordnung über die soziale Kriegsbeschädigten- und Kriegshinterbliebenenfürsorge vom 8. Februar 1919 (RGBl. S. 187) in der Fassung des § 34 der Verordnung über die Fürsorgepflicht und in Verbindung mit §§ 21 bis 23 des Reichsversorgungsgesetzes in der Fassung vom 30. Juni 1923 (RGBl. I S. 523)

sowie auf Grund des Artikels 2 Satz 2 der Verordnung über das Inkrafttreten des Reichsgesetzes für Jugendwohlfahrt vom 14. Februar 1924 (RGBl. I S. 110)

werden mit Zustimmung des Reichsrats über Voraussetzung, Art und Maß der öffentl. Fürsorge folgende Grundsätze aufgestellt:

### A. Fürsorge im allgemeinen.

**1. Aufgaben** (§§ 1—4).[1])

§ 1.

I. Die Fürsorge hat die Aufgabe, dem Hilfsbedürftigen den

---

[2]) Verlängert zunächst bis 1. 11. 24 durch Verordnung v. 26. 6. 24 (RGBl. I S. 660), sodann bis 1. 12. 24 durch Verordnung v. 24. 10. 24 (RGBl. I S. 720), endlich bis 1. 1. 25 durch Verordnung v. 27. 11. 24 (RGBl. I S. 756).

[1]) Die Stichworte und Absatzziffern befinden sich nicht im Wortlaut der Grundsätze.

notwendigen Lebensbedarf zu gewähren. Sie muß dabei die Eigenart der Notlage berücksichtigen.

II. Sie soll den Hilfsbedürftigen tunlichst in den Stand setzen, sich und seinen unterhaltsberechtigten Angehörigen den Lebensbedarf selbst zu beschaffen.

§ 2.

I. Die Fürsorge muß rechtzeitig einsetzen; sie ist nicht von einem Antrag abhängig.

II. Sie muß der Notlage nachhaltig entgegenwirken und zu verhüten suchen, daß vorübergehende Not zu dauernder wird.

§ 3.

Um drohende Hilfsbedürftigkeit zu verhüten, kann die Fürsorge auch vorbeugend eingreifen, besonders um Gesundheit und Arbeitsfähigkeit zu erhalten. Bei Minderjährigen kann sie, soweit dazu nicht die Jugendhilfe berufen ist, auch eingreifen, um Störungen der körperlichen, geistigen oder sittlichen Entwicklung zu verhindern.

§ 4.

Die Fürsorge soll auch Einrichtungen für Hilfsbedürftige, besonders solche zur Beschäftigung Erwerbsbeschränkter, fördern, wenn sie die Einzelfürsorge entlasten, sparsam wirtschaften und die öffentlichen Mittel zweckentsprechend verwenden.

**2. Voraussetzung der Fürsorge** (§§ 5—9). **a) Hilfsbedürftigkeit.**

§ 5.

Hilfsbedürftig ist, wer den notwendigen Lebensbedarf für sich und seine unterhaltsberechtigten Angehörigen nicht oder nicht ausreichend aus eigenen Kräften und Mitteln beschaffen kann und ihn auch nicht von anderer Seite, insbesondere von Angehörigen erhält.

**b) notwendiger Lebensbedarf.**

§ 6.

Zum notwendigen Lebensbedarf gehören

a) der Lebensunterhalt, insbesondere Unterkunft, Nahrung, Kleidung und Pflege,

b) Krankenhilfe sowie Hilfe zur Wiederherstellung der Arbeitsfähigkeit,

c) Hilfe für Schwangere und Wöchnerinnen,

außerdem

d) bei Minderjährigen Erziehung und Erwerbsbefähigung,

e) bei Blinden, Taubstummen und Krüppeln Erwerbsbefähigung.

II. Nötigenfalls ist der Bestattungsaufwand zu bestreiten.

**c) Arbeitspflicht.** § 7.

I. Jeder Hilfsbedürftige, auch der nicht voll arbeitsfähige, muß seine Arbeitskraft zur Beschaffung des notwendigen Lebensbedarfes für sich und seine unterhaltsberechtigten Angehörigen einsetzen. Die Fürsorge soll ihm, soweit möglich, Gelegenheit dazu bieten, Schwerbeschädigte soll sie geeignetenfalls mit Hilfe des Reichsgesetzes über die Beschäftigung Schwerbeschädigter unterbringen.

II. Ob dem Hilfsbedürftigen eine Arbeit billigerweise zugemutet werden kann, soll nach Lebensalter, Gesundheitszustand, häuslichen Verhältnissen und, soweit angängig, auch nach der beruflichen Ausbildung beurteilt werden; das gilt besonders auch dann, wenn die Hilfe durch Anweisung von Arbeit gewährt oder von deren Leistung abhängig gemacht werden soll (§ 19 der Verordnung über die Fürsorgepflicht).

III. Frauen soll Erwerbsarbeit nicht zugemutet werden, wenn dadurch die geordnete Erziehung ihrer Kinder gefährdet würde; auch sonst sind bei Frauen die Pflichten besonders zu berücksichtigen, die ihnen die Führung eines Haushalts oder die Pflege von Angehörigen auferlegt.

**d) eigene Mittel (Anrechnung).** § 8.

I. Zu den eigenen Mitteln, die der Hilfsbedürftige einsetzen muß, ehe ihm die Fürsorge Hilfe gewährt, ist sein gesamtes verwertbares Vermögen und Einkommen zu rechnen, besonders Bezüge in Geld oder Geldeswert aus gegenwärtigem oder früherem Arbeits- oder Dienstverhältnis und aus Unterhalts- oder Rentenansprüchen öffentlicher oder privater Art.

II. Als verwertbar gelten nicht Gegenstände, die zur persönlichen Fortsetzung der Erwerbstätigkeit unentbehrlich sind.

III. Die Fürsorge soll, besonders bei alten, bei noch nicht erwerbsfähigen und bei erwerbsbeschränkten Personen, die vorherige Verwertung kleiner Vermögen oder Vermögensteile nicht verlangen, wenn dadurch die Not des Hilfesuchenden oder seiner unterhaltsberechtigten Angehörigen erheblich verschärft oder zur dauernden würde.

IV. Bei Prüfung der Hilfsbedürftigkeit, der Art und des Umfanges der Hilfe bleiben Zuwendungen außer Ansatz, die die freie Wohlfahrtspflege oder ein Dritter zur Ergänzung der öffentlichen Fürsorge gewährt, ohne dazu eine rechtliche oder eine besondere sittliche Pflicht zu haben. Dies gilt nicht, wenn die Zuwendung die wirtschaftliche Lage des Unterstützten so günstig beeinflußt, daß öffentliche Fürsorge ungerechtfertigt wäre.

V. Ebenso soll bei Personen, die trotz vorgerückten Alters oder trotz starker Beschränkung ihrer Erwerbsfähigkeit unter Aufwendung besonderer Tatkraft einem Erwerbe nachgehen, ein angemessener Betrag des Arbeitsverdienstes außer Ansatz bleiben; das gilt besonders bei Blinden, Hirnverletzten und anderen Schwererwerbsbeschränkten.

**e) Vorbehalt der Zurückzahlung.**

§ 9.

I. Muß die Fürsorge eintreten, weil das Vermögen oder Einkommen des Hilfesuchenden vorerst nicht verwertet werden kann oder soll, so kann sie ihre Hilfe ausdrücklich von der Verpflichtung abhängig machen, die aufgewendeten Kosten zurückzuzahlen. Dasselbe gilt, wenn der Hilfsbedürftige später Vermögen oder hinreichendes Einkommen zu erwarten hat. Sie kann zugleich verlangen, daß die Zurückzahlung sichergestellt wird, besonders durch Abschluß von Rentenverträgen, Bestellung von Hypotheken und Verpfändung von Vermögenswerten.

II. Die Zurückzahlung soll in der Regel nur ausbedungen werden, wenn sie voraussichtlich ohne besondere Härte möglich ist.

III. Wird Zurückzahlung aus dem Nachlaß ausbedungen, so ist auf unterhaltsberechtigte Angehörige Rücksicht zu nehmen, die beim Tode des Hilfsbedürftigen selbst der öffentlichen Fürsorge anheimfallen würden. Dasselbe gilt gegenüber Geschwistern oder anderen Personen, mit denen der Hilfsbedürftige in häuslicher Gemeinschaft gelebt hat oder die ihn ohne rechtliche Verpflichtung und ohne entsprechende Gegenleistung, wenn auch in der Erwartung einer Zuwendung von Todes wegen, unterstützt oder gepflegt haben.

**3. Art und Maß der Fürsorge (§§ 10 u. 11).**

§ 10.

I. Was im Einzelfall im Rahmen des notwendigen Lebensbedarfes (§ 6) an Hilfe zu gewähren ist, hat sich nach der Besonderheit des Falles zu richten, namentlich nach Art und

Dauer der Not, nach der Person des Hilfsbedürftigen und den örtlichen Verhältnissen.

II. Bei Störungen der körperlichen, geistigen oder sittlichen Entwicklung Minderjähriger ist die Hilfe so ausreichend zu bemessen, daß gründliche und dauernde Abhilfe zu erwarten ist.

§ 11.

Die Hilfe kann in Geld, Sachleistung oder persönlicher Hilfe bestehen und in offener oder geschlossener (Anstalts-) Pflege gewährt werden. In einer Anstalt oder einer fremden Familie soll der Hilfsbedürftige nur untergebracht werden, wenn sein körperlicher, geistiger oder sittlicher Zustand besondere Maßnahmen zur Heilung, Pflege oder Bewahrung erfordert. Zwangsweise darf dies nur geschehen, wenn ein Gesetz es gestattet.

**4. Wochenfürsorge.**

§ 12.

Schwangeren und Wöchnerinnen (§ 6 c) sind je nach Art und Grad der Hilfsbedürftigkeit ärztliche Behandlung, Entbindungskostenbeitrag und Wochengeld, Wöchnerinnen, die ihr Kind stillen, außerdem Stillgeld zu gewähren. Die Hilfe soll ihnen das sicherstellen, was die Reichsversicherungsordnung den Familienangehörigen eines Versicherten gewährt (Familienwochenhilfe). An die Stelle barer Beihilfen können auch Sachleistungen treten.

**5. Arbeitsscheue.**

§ 13.

I. Bei Arbeitsscheu oder offenbar unwirtschaftlichem Verhalten sind die Voraussetzungen der Hilfsbedürftigkeit aufs strengste zu prüfen sowie Art und Maß der Fürsorge auf das zur Fristung des Lebens Unerläßliche zu beschränken. Bei Hilfsbedürftigen, die den berechtigten Anordnungen der zuständigen Stellen beharrlich zuwiderhandeln, kann entsprechend verfahren werden.

II. Bei Arbeitsscheu oder offenbar unwirtschaftlichem Verhalten kann die Hilfe auf Anstaltspflege beschränkt, offene Pflege aber abgelehnt werden.

III. Wird die Fürsorge einem Hilfsbedürftigen gegenüber beschränkt, so ist, soweit möglich zu verhüten, daß davon seine Angehörigen oder andere Hilfsbedürftige mitbetroffen werden, mit denen er in häuslicher Gemeinschaft lebt.

## B. Besondere Bestimmungen.

### a) für Kleinrentner, Sozialrentner und die ihnen Gleichstehenden.

**1. Kleinrentner** (§§ 14 u. 15). § 14.

I. Bei alten oder erwerbsunfähigen Personen, die infolge eigener oder fremder Vorsorge ohne die eingetretene Geldentwertung nicht auf die öffentliche Fürsorge angewiesen wären (Kleinrentner), ist bei Prüfung der Hilfsbedürftigkeit, der Art und des Umfangs der Hilfe auf ihre früheren Lebensverhältnisse Rücksicht zu nehmen; dabei aber auch die allgemeine Verschlechterung der Lebenshaltung des Deutschen Volkes zu beachten. Das gilt besonders, wenn die Hilfe in einer Anstalt oder durch Anweisung von Arbeit gewährt oder von deren Leistung abhängig gemacht werden soll.

II. Als erwerbsunfähig ist ein Kleinrentner dann anzusehen, wenn er infolge körperlicher oder geistiger Gebrechen nicht nur vorübergehend außerstande ist, sich durch Arbeit einen wesentlichen Teil seines Lebensbedarfs zu beschaffen.

§ 15.

I. Die Fürsorge soll bei Kleinrentnern insbesondere nicht abhängig gemacht werden vom Verbrauch oder der Verwertung

a) kleinerer Vermögen,
b) eines angemessenen Hausrats, wobei die bisherigen Lebensverhältnisse des Hilfsbedürftigen zu berücksichtigen sind,
c) von Familien- und Erbstücken, deren Entäußerung den Hilfsbedürftigen besonders hart treffen würde oder deren Verkehrswert außer Verhältnis zu dem Werte steht, den sie für den Hilfsbedürftigen oder seine Familie haben.
d) von Gegenständen, die zur Befriedigung geistiger, besonders wissenschaftlicher oder künstlerischer Bedürfnisse dienen und deren Besitz nicht Luxus ist,
e) eines kleinen Hausgrundstücks, das der Hilfsbedürftige ganz oder zum größten Teil zusammen mit bedürftigen Angehörigen bewohnt und das nach seinem Tode diesen weiter als Wohnung dienen soll.

II. Auch sonst soll von der Verwertung des Vermögens und von der Sicherstellung des Ersatzes abgesehen werden, wenn dies eine besondere Härte für den Hilfsbedürftigen oder seine unterhaltsberechtigten Angehörigen bedeuten würde.

2. **Sozialrentner.** § 16.

In entsprechender Weise wie die Kleinrentner sind alte oder invalide oder berufsunfähig gewordene Rentner der Arbeiter- oder Angestelltenversicherung zu betreuen. Die Rentenerhöhung, die ein Hilfloser zur Pflege und Wartung erhält (§§ 560, 930, 1065 der Reichsversicherungsordnung bleibt bei jeder Hilfe außer Ansatz, die nicht demselben Zweck dient.

3. **Gleichstehende.** § 17.

Den Kleinrentnern können alte oder durch geistige oder körperliche Gebrechen erwerbsunfähig gewordene Personen gleichgestellt werden, die trotz wirtschaftlicher Lebensführung auf die öffentliche Fürsorge angewiesen sind. Die oberste Landesbehörde kann sich die Gleichstellung vorbehalten oder sie allgemein vorschreiben.

## b) für Kriegsbeschädigte und Kriegshinterbliebene.

1. **Allgemeine Kb.- u. Kh.-Fürsorge** § 18.

I. Kriegsbeschädigten und Kriegshinterbliebenen gegenüber (§ 20) soll jede Art der Fürsorge wenigstens die Rücksichten nehmen, die für Kleinrentner vorgeschrieben sind (§§ 14 und 15).

II. Die Pflegezulage, die ein Beschädigter für Pflege und Wartung erhält, bleibt bei jeder Hilfe außer Ansatz, die nicht demselben Zwecke dient; das gilt auch für die den Blinden gewährte Führerhundzulage.

III. Vergünstigungen, die Personen erhalten, weil ihr Einkommen unter einer bestimmten Höhe bleibt, können Kriegsbeschädigten und Kriegshinterbliebenen, die ihren Lebensunterhalt ausschließlich oder überwiegend aus den Versorgungsgebührnissen bestreiten müssen, auch dann gewährt werden, wenn ihr Einkommen diese Höhe erreicht oder nur unwesentlich übersteigt.

2. **Soziale Kb.-u Kh.-Fürsorge** (§§ 19—32). § 19.

Die soziale Fürsorge, die nach den Versorgungsgesetzen Kriegsbeschädigten und Kriegshinterbliebenen über die allgemeine Fürsorge hinaus Hilfe zu gewähren hat, richtet sich nach den Bestimmungen der §§ 20—32.

**Personenkreis.** § 20.

I. Als Kriegsbeschädigte und Kriegshinterbliebene gelten
a) die nach dem Reichsversorgungsgesetz Versorgungsberechtigten,
b) die nach dem Offizierpensionsgesetze vom 31. Mai 1906 (Reichsgesetzbl. S. 565) Versorgten selbst und ihre nach dem Militärhinterbliebenengesetze vom 17. Mai 1907 (Reichsgesetzbl. S. 214) versorgten Angehörigen, wenn jene im Kriege eine Dienstbeschädigung erlitten haben oder an ihren Folgen verstorben sind.

II. Den Kriegsbeschädigten und Kriegshinterbliebenen stehen Personen gleich, denen andere Reichsgesetze soziale Fürsorge im Sinne des Reichsversorgungsgesetzes zubilligen.

III. Wenn es besondere Gründe der Billigkeit rechtfertigen, soll ein Versorgungssucher schon vor der Anerkennung seines Anspruchs hinsichtlich der Fürsorge wie ein Versorgungsberechtigter behandelt werden.

**Familienfürsorge.** § 21.

Die soziale Fürsorge für einen Beschädigten umfaßt auch die Familienmitglieder, deren Ernährer er gewesen ist oder ohne die Dienstbeschädigung voraussichtlich geworden wäre.

**Ursächlicher Zusammenhang.** § 22.

Die soziale Fürsorge gewährt ihre Hilfe in der Regel nur, wenn die Notlage mit der Dienstbeschädigung oder dem Verluste des Ernährers zusammenhängt; der Zusammenhang wird angenommen, soweit nicht das Gegenteil offenkundig oder nachgewiesen ist. Auch ohne diesen Zusammenhang kann sie eintreten, wenn es besondere Gründe der Billigkeit rechtfertigen.

**Hilfsbedürftigkeit, Art u. Maß der Hilfe, Anrechnung.** § 23.

I. Die soziale Fürsorge gewährt ihre Hilfe auch dann, wenn zwar der Beschädigte oder die Hinterbliebenen selbst oder ein unterhaltspflichtiger Angehöriger die Leistungen aus ihrem Einkommen oder Vermögen bestreiten könnten, es aber unbillig wäre, dies zu verlangen.

II. Bei Prüfung der Hilfsbedürftigkeit und der Art und des Umfangs der Hilfe ist entgegenkommend zu verfahren; dabei ist besonders auch der Aufwand für Erziehung und Erwerbsbefähigung von Kindern zu berücksichtigen, der nach ihren Anlagen und Fähigkeiten und nach der Lebensstellung der Eltern berechtigt ist.

III. Bei Prüfung, inwieweit ein Schwerbeschädigter den Lebensbedarf aus eigenen Mitteln bestreiten kann, soll die Schwerbeschädigtenzulage einschließlich des auf sie entfallenden Betrags an Ausgleichs- und Ortszulage in der Regel außer Betracht bleiben.

IV. Mehrausgaben, die einem Schwerbeschädigten infolge seiner Beschädigung erwachsen, sollen angemessen berücksichtigt werden. Bei einer Witwe soll in der Regel die Rentenerhöhung außer Betracht bleiben, die sie erhält, weil sie erwerbsunfähig ist oder ein Kind zu versorgen oder das 45. oder ein höheres Lebensjahr vollendet hat.

**Ziel und Aufgaben** (§§ 24, 25).

§ 24.

Die soziale Fürsorge hat zum Ziele, den Beschädigten tunlichst wieder erwerbsfähig zu machen und ihn dem Wirtschaftsleben zu erhalten, der Witwe die Fortführung ihres Hausstandes und die Erziehung, Ausbildung ihrer Kinder tunlichst aus eigenen Kräften zu ermöglichen und den Waisen die Erlangung einer ihren Fähigkeiten angemessenen Lebensstellung zu erleichtern.

§ 25.

Die soziale Fürsorge hat den Beschädigten und Hinterbliebenen bei der Berufsausbildung und bei der Unterbringung und Erhaltung im Erwerbsleben beizustehen und behilflich zu sein, die Folgen einer erlittenen Dienstbeschädigung oder des Verlustes des Ernährers nach Möglichkeit zu überwinden oder zu mildern.

**Arbeits- und Berufsfürsorge** (§§ 26, 27).

§ 26.

I. Hat ein Beschädigter nach dem Reichsversorgungsgesetz einen Anspruch auf unentgeltliche berufliche Ausbildung, so muß ihm die soziale Fürsorge diese gewähren und während der Ausbildung auch den notwendigen Lebensbedarf für ihn und seine unterhaltsberechtigten Angehörigen, soweit er ihn nicht aus eigenen Mitteln beschaffen kann.

II. Inwieweit darüber hinaus Beschädigten und Hinterbliebenen Berufsausbildung gewährt werden soll, richtet sich nach den Besonderheiten des Einzelfalles.

§ 27.

I. Die soziale Fürsorge soll Beschädigte und Hinterbliebene in Versorgungs-, Fürsorge- und Familienangelegenheiten beraten oder diese Beratung vermitteln.

II. Sie soll für Berufsberatung, Arbeitsvermittlung und Arbeitsbeschaffung im Zusammenwirken mit den Arbeitsnachweisen sorgen und Schwerbeschädigte bei Wahrung ihrer Rechte aus dem Reichsgesetz über die Beschäftigung Schwerbeschädigter unterstützen.

III. In geeigneten Fällen soll sie auch die Ansiedlung und Selbständigmachung Beschädigter und Hinterbliebener, besonders kinderreicher Familien, fördern.

**Heilfürsorge, Siechenfürsorge.** § 28.

I. Die soziale Fürsorge soll den dauernd erwerbsunfähigen Schwerbeschädigten die durch die Dienstbeschädigung verursachten körperlichen Beschwerden erleichtern, soweit dies nicht durch die Versorgungsheilbehandlung zu geschehen hat.

II. Soweit Beschädigte dauernder Pflege bedürfen, aber nicht auf Kosten des Reichs unter entsprechender Anrechnung der Versorgungsgebührnisse Anstaltspflege erhalten, soll die soziale Fürsorge für angemessene Pflege und Unterkunft sorgen.

III. Während der Heilbehandlung eines Beschädigten soll die Fürsorge, wenn nötig, die Versorgungsleistungen durch Fürsorgemaßnahmen für ihn und seine Angehörigen ergänzen.

**Kinderfürsorge.** § 29.

I. Die soziale Fürsorge hat die Berufsausbildung von Waisen und von Kindern Schwerbeschädigter nachdrücklich zu fördern; sie soll dabei die Anlagen und Fähigkeiten des Kindes und die Lebensstellung der Eltern angemessen berücksichtigen.

II. Die soziale Fürsorge soll auch sonst auf die Erziehung von Waisen und von Kindern Schwerbeschädigter sowie auf die Pflege ihrer Gesundheit besonderes Gewicht legen und ihnen die Teilnahme an Einrichtungen der Gesundheits- und Erholungsfürsorge möglichst erleichtern.

**Krankenhilfe für Hinterbliebene.** § 30

Für hilfsbedürftige nicht versicherte Hinterbliebene soll durch Vereinbarung mit den Krankenkassen oder auf andere Weise für die notwendige Krankenhilfe gesorgt werden.

**Darlehen. Zurückzahlung von Fürsorgeleistungen.** § 31.

I. Um die wirtschaftliche Selbständigkeit Beschädigter und Hinterbliebener zu sichern, soll von der Möglichkeit, ihnen Darlehen gegen Verpfändung von Versorgungsgebührnissen zu gewähren, tunlichst Gebrauch gemacht werden.

II. Im übrigen soll die soziale Fürsorge ihre Hilfe nur dann von der Zurückzahlung der aufgewendeten Kosten abhängig machen, wenn es mit Rücksicht auf Art und Zweck der Fürsorgeleistungen und die gegenwärtigen oder zu erwartenden wirtschaftlichen Verhältnisse des Hilfesuchenden unbillig wäre, hiervon abzusehen; die berufliche Ausbildung, auf die ein Beschädigter nach dem Reichsversorgungsgesetz Anspruch hat (§ 26), darf sie nicht davon abhängig machen.

III. Wenn sich die soziale Fürsorge bei ihrer Hilfe nicht ausdrücklich die Zurückzahlnug der aufgewendeten Kosten ausbedingt, kann sie Ersatz nicht verlangen.

**Allgemeine Einrichtungen.** § 32.

Die soziale Fürsorge soll allgemeine Einrichtungen, die auch Kriegsbeschädigten und Kriegshinterbliebenen zugute kommen, besonders fördern.

## C. Schlußbestimmungen.

**Erwerbslosenfürsorge.** § 33.

Die besonderen Bestimmungen über die Fürsorge für Erwerbslose werden durch diese Grundsätze nicht berührt.

**Ausländer.** § 34.

Ausländern ist im Falle der Hilfsbedürftigkeit Lebensunterhalt, insbesondere Unterkunft, Nahrung, Kleidung und Pflege sowie Krankenhilfe zu gewähren. Nötigenfalls ist der Bestattungsaufwand zu bestreiten. Die übrigen Bestimmungen gelten für Ausländer nur, soweit es die Reichsregierung mit Zustimmung des Reichsrats oder ein Staatsvertrag bestimmt.

**Landesrecht.** § 35.

I. Die vorstehenden Grundsätze hindern die Länder, und soweit nicht landesrechtliche Vorschriften entgegenstehen, auch die Fürsorgeverbände nicht, den Hilfsbedürftigen darüber hinaus Hilfe zu gewähren.

II. Der Ersatz der aufgewendeten Kosten kann von den Fürsorgeverbänden eines anderen Landes nur verlangt werden, soweit sich die Hilfe im Rahmen dieser reichsrechtlichen Grundsätze hält.

**Inkrafttreten.** § 36.

Diese Grundsätze treten am 1. Januar 1925 in Kraft. Mit diesem Zeitpunkt treten außer Kraft:

a) die im Artikel 2 der Verordnung vom 14. Februar 1924 (RGBl. I S. 110) über das Inkrafttreten des Reichsgesetzes für Jugendwohlfahrt noch aufrechterhaltenen Vorschriften des § 49 Abs. 1 und 2 des Reichsgesetzes für Jugendwohlfahrt vom 9. Juli 1922 (RGBl. I S. 633),

b) die im § 32 der Verordnung über die Fürsorgepflicht vom 13. Februar 1924 (RGBl. I S. 100) noch aufrechterhaltenen Bestimmungen über die Fürsorge für Rentenempfänger der Invaliden- und Angestelltenversicherung, Kleinrentner, Kriegsbeschädigte und Kriegshinterbliebene sowie diejenigen über Wochenfürsorge.

Berlin, den 4. Dezember 1924.

Der Reichsarbeitsminister:
Dr. Brauns.
Der Reichsminister des Innern:
Dr. Jarres.

---

## 4.

Der Reichsarbeitsminister.
V A (VIII) 10 665.
Der Reichsminister des Innern.
II 9627/24 B.

Berlin, den 13. Dezember 1924.

## Erläuterungen zu den Reichsgrundsätzen über Voraussetzung, Art und Maß der öffentlichen Fürsorge.

Die Verordnung über die Fürsorgepflicht vom 13. Februar 1924 (Reichsgesetzbl. I S. 100) regelt Voraussetzung, Art und Maß der zu gewährenden Fürsorge nicht selbst. Sie überläßt in § 6 die Regelung im Rahmen der reichsrechtlichen Vorschriften den Ländern, gibt aber der Reichsregierung zugleich die Befugnis, mit Zustimmung des Reichsrats Grundsätze hierüber aufzustellen, um die Gleichmäßigkeit der Fürsorge insoweit zu wahren, als es im Interesse der Hilfsbedürftigen und der ersatzberechtigten und -verpflichteten Fürsorgeverbände geboten oder aus wohlfahrtspflegerischen Gründen dringend erwünscht ist.. Außerdem bestimmt § 1 der Verordnung über die soziale Fürsorge für Kriegsbeschädigte und Kriegshinterbliebene vom 8. Februar 1919 (Reichsgesetzbl. S. 187) in der Fassung des § 34 der Verordnung über die Fürsorgepflicht, daß die soziale Fürsorge für Kriegsbeschädigte und Kriegshinterbliebene nach Grundsätzen zu erfüllen ist, die die Reichsregierung mit Zustimmung des Reichsrats aufstellt.

Bis zur Aufstellung dieser Grundsätze hat die Fürsorgepflichtverordnung in § 32 Abs. 2 die bisherigen reichsrechtlichen Bestimmungen über die Fürsorge für Rentenempfänger der Invaliden- und Angestelltenversicherung, Kleinrentner, Kriegsbeschädigte und Kriegshinterbliebene sowie diejenigen über Wochenfursorge aufrechterhalten, soweit sie Voraussetzung, Art und Maß der Fürsorge betreffen. Ebenso sind durch Artikel 2 Abs. 2 der Verordnung über das Inkrafttreten des Reichsgesetzes für Jugendwohlfahrt vom 4. Februar 1924 (Reichsgesetzbl. I S. 110) die Vorschriften des § 49 Abs. 1 und 2 des Reichsjugendwohlfahrtsgesetzes bis zum Erlasse neuer Vorschriften aufrechterhalten.

Unterm 4. Dezember 1924 sind nunmehr die

Reichsgrundsätze über Voraussetzung, Art und Maß der öffentlichen Fürsorge

mit Zustimmung des Reichsrats erlassen worden. Sie sind im Reichsgesetzbl. 1924 Teil I S. 765 bekanntgegeben und treten am 1. Januar 1925 in Kraft.

Zu ihrer Erläuterung wird bemerkt:

Die Fürsorgepflichtverordnung will die bisherige Zersplitterung der öffentlichen Wohlfahrtspflege in Gesetzgebung und Vollzug tunlichst beseitigen. Sie will durch Schaffung leistungsfähiger Träger und durch einheitliche Zuständigkeitsvorschriften die Durchführung einer zweckgestalteten Fürsorge erleichtern; sie will aber nicht Art und Umfang der Fürsorge auf ein Gleichmaß da herabdrücken, wo die Verhältnisse Verschiedenartigkeit erfordern und ertragen. Die Grundsätze lehnen daher eine Einheitsfürsorge ab, die alle Hilfsbedürftigen ohne Rücksicht auf Art und Ursache der Not gleichbehandelt. Sie versuchen vielmehr den Gedanken zu verwirklichen, den die im Jahre 1923 gefertigte Denkschrift des Reichsarbeitsministeriums über die Vorarbeiten zu einem Reichswohlfahrtsgesetze zum Ausdruck bringt, „daß für Hilfsbedürftige, die durch die besonderen Dienste, die sie oder ihr Ernährer der Allgemeinheit geleistet haben, oder die auf Grund einer Vorsorge, die Recht oder Sitte verlangt oder anerkennt, einen Anspruch auf Fürsorge erworben haben, Rechte und Richtmaße der Fürsorge in der Regel höher bemessen werden sollen als bei denjenigen, denen die Fürsorge lediglich kraft ihres Daseins zugestanden wird". Das gilt vor allem für die Kriegsbeschädigten und Kriegshinterbliebenen, denen das Reichsversorgungsgesetz eine besondere Art der Fürsorge zuerkennt. Es gilt aber auch für die Kleinrentner, die infolge eigener oder fremder Vorsorge ohne die Geldentwertung der Fürsorge nicht anheim gefallen wären und für die bisher schon eine der Art nach gehobene Fürsorge eingeführt war. Es gilt ferner für die Sozialrentner, die nach einem Leben von Arbeit und Mühe hilfsbedürftig werden. Von der Invalidenversicherung wurde auch vor dem Kriege nicht erwartet, daß sie den ganzen Lebensunterhalt des vom Versicherungsfalle Betroffenen deckt. Die in der Sozialversicherung organisierte Selbsthilfe bedarf der Ergänzung durch weitere eigene Vorsorge, durch Familienhilfe und, soweit diese nicht ausreichen, durch öffentliche Fürsorge. Geldentwertung und Teuerung haben aber die eigene Vorsorge und die Familienhilfe dauernd geschwächt.

Die bisherige Armenpflege von Reichs wegen zu einer gehobenen Wohlfahrtspflege umzugestalten, wie dies von verschiedenen Seiten verlangt wird, ist dem Reiche bei seiner gegenwärtigen Finanzlage nicht möglich; denn es wäre außerstande, den Ländern oder Gemeinden für diese neuen Aufgaben den Vorschriften des § 59 des Finanzausgleichsgesetzes entsprechend die erforderlichen Mittel bereitzustellen. Die Reichsgrundsätze hindern aber kein Land, für alle Hilfsbedürftigen eine gehobene Wohlfahrtspflege einzuführen. Ebensowenig schließen es die Grundsätze aus, daß ein Fürsorgeverband einzelnen oder allen Hilfsbedürftigen eine über die allgemeine hinausgehende Fürsorge zuwendet, es sei denn, daß ihn landesrechtliche Vorschriften binden (§ 35).

### A. Fürsorge im allgemeinen.

Der Abschnitt „Fürsorge im allgemeinen" umfaßt die Vorschriften, die für jede Art der Fürsorge gelten sollen; er will die Grundsätze allgemein festhalten, die sich nach den bisherigen Erfahrungen bewährt haben und im Rahmen der zur Verfügung stehenden Mittel durchführbar erscheinen.

Zu § 1:

Pflichtaufgabe der Fürsorge soll sein, dem Hilfsbedürftigen den notwendigen Lebensbedarf zu gewähren. Die Fürsorge darf dabei nicht einförmig helfen, sondern muß die Eigenart der Notstände ergründen und danach die Mittel zur Abhilfe wählen; schematische Fürsorge widerspricht den Grundsätzen.

Das Ziel jeder Fürsorge muß sein, sich überflüssig zu machen, d. h. den Hilfsbedürftigen in seinem Willen und in seiner Kraft so zu stärken, daß er sich durch eigenes Können, Mühen und Schaffen selbst behaupten, insbesondere für seine unterhaltsberechtigte Familie selbst sorgen kann.

Zu §§ 2 und 3:

Die Fürsorgepflichtverordnung verpflichtet an sich den Fürsorgeverband nur einzugreifen, wenn die Hilfsbedürftigkeit bereits besteht. Die große Bedeutung, die der vorbeugenden Fürsorge, besonders auf dem Gebiete der Gesundheits- und Arbeitsfürsorge und zum Schutze der gefährdeten Jugend, beigelegt werden muß, ließ es aber geboten erscheinen, in den Grundsätzen auf diese vorbeugende Maßnahme ausdrücklich hinzuweisen. Eine Verpflichtung, solche Maßnahmen einzuleiten und durchzuführen, konnten die Grundsätze aus denselben Gründen nicht aussprechen, die sie hinderten, eine gehobene Wohlfahrtspflege allgemein einzuführen. Sie konnten daher nur vorschreiben, daß die Fürsorge rechtzeitig und ausreichend einsetzen muß; die Fürsorge wird dann sicherer helfen und sparsamer wirtschaften, als wenn sie zuwartet, bis sie einem verschärften Notstand gegenübersteht, dem sie nicht oder nur mit verstärkten Kräften und Mitteln gewachsen ist; das gilt besonders bei Störungen körperlicher, geistiger oder sittlicher Entwicklung der Jugendlichen, wie dies bereits in § 49 Abs. 2 des Reichsgesetzes für Jugendwohlfahrt vom 9. Juli 1922 zum Ausdruck gekommen ist.

Hilfsbedürftigkeit und Eintritt der Notlage sind nicht gleichbedeutend. Die Grenzen zwischen vorbeugenden und helfenden Maßnahmen werden häufig — nur schwer scheidbar — ineinander übergehen. Die Hilfsbedürftigkeit wird regelmäßig schon dann als eingetreten zu gelten haben, wenn die Notlage erkennbar droht und der von der Notlage Bedrohte außerstande ist, ihr in dem Zeitpunkt entgegenzutreten, in dem ein verständig wirtschaftender und sorgender Mensch Abhilfe sucht. Die Fürsorge, die einer ihr erkennbar werdenden Notlage in diesem Zeitpunkt bereits entgegentritt, setzt rechtzeitig ein; ihre Leistung ist eine helfende, nicht eine vorbeugende Maßnahme und daher ersatzfähig im Sinne der Fürsorgepflichtverordnung.

Der Hilfsbedürftige soll nicht aus Unkenntnis oder aus Scheu der Hilfe verlustig gehen. Die Fürsorge darf daher ihr Eingreifen nicht von einem Antrag abhängig machen; sie muß erforderlichenfalls auch von Amts wegen einsetzen. Ein Verzicht des Hilfsbedürftigen auf Hilfe entbindet sie nicht von ihrer Pflicht.

### Zu § 4:

Auf die Notwendigkeit, Einrichtungen zu fördern, die den gemeinsamen Interessen von Hilfsbedürftigen dienen, war bereits in den Richtlinien für die Kleinrentnerfürsorge vom 9. Mai 1923 und den hierzu ergangenen Erläuterungen hingewiesen worden. Die Grundsätze wiederholen diesen Hinweis allgemein, um die Fürsorgeverbände auf die Wichtigkeit derartiger Einrichtungen hinzuweisen, die vielfach den Notständen am zweckmäßigsten abhelfen und die Fürsorgeverbände in der Einzelfürsorge stark entlasten. Das gilt insbesondere für Einrichtungen, die der Beschäftigung Erwerbsbeschränkter oder, wie es bei Kleinrentnern häufig der Fall ist, bisher Erwerbsungewohnter dienen. Ob es sich dabei um Einrichtungen der öffentlichen oder der freien Wohlfahrtspflege handelt, ist gleichgültig.

### Zu § 5:

Die Bestimmung, wann eine Person als hilfsbedürftig anzusehen ist (§ 5), entspricht im wesentlichen der bisherigen Verwaltungsübung und Rechtsprechung und den in einzelnen Landesgesetzen erlassenen besonderen Vorschriften. Wird ein Unterhaltsberechtigter unterstützt, so gilt grundsätzlich er, nicht der Unterhaltsverpflichtete, als der Hilfsbedürftige. Bei der Schwierigkeit, zu unterscheiden, inwieweit die einer Familie geleistete Hilfe dem Familienhaupt oder den übrigen Familiengliedern zuteil wird, wer also von ihnen als hilfsbedürftig anzusehen ist, soll jemand auch dann schon als hilfsbedürftig gelten, wenn seine Mittel und Kräfte nicht ausreichen, den notwendigen Lebensbedarf für seine unterhaltsberechtigten Angehörigen zu beschaffen.

Die Tatsache, daß ein Anstaltspflegling der Anstalt gegenüber einen vertraglichen Unterhaltsanspruch hat, schließt seine Hilfsbedürftigkeit u. a. dann nicht aus, wenn die Anstalt nicht mehr in der Lage ist, ihre Vertragspflichten zu erfüllen.

Zu § 6:

Was als notwendiger Lebensbedarf im Sinne der §§ 1 und 5 anzusehen ist, bestimmt § 6. Es soll darunter nicht lediglich das zum Lebensunterhalt unbedingt Notwendige verstanden werden, sondern darüber hinaus auch das, was zur Erhaltung der Gesundheit und Arbeitsfähigkeit geboten ist; auch sollen die werdende Mutter und das Kind ausreichend geschützt werden.

In Verwirklichung des Gedankens, daß die Fürsorge in erster Linie bestrebt sein muß, die zu betreuenden Personen selbständig und damit unabhängig von ihrer Hilfe zu machen, bezeichnet § 6d bei Minderjährigen — entsprechend der bisherigen Vorschrift in § 49 Abs. 1 des Reichsgesetzes für Jugendwohlfahrt — außerdem als zum notwendigen Lebensbedarfe gehörig Erziehung und Erwerbsbefähigung. Die Erwerbsbefähigung umfaßt nicht nur die Befähigung zu ungelernter Arbeit, sondern in geeigneten Fällen auch die Ausbildung zu einem bestimmten Beruf.

Ebenso bestimmt § 6e, daß auch bei Blinden, Taubstummen und Krüppeln die Erwerbsbefähigung zur Pflichtaufgabe der Fürsorge gehört. Die Erfahrungen, besonders in der sozialen Kriegsbeschädigtenfürsorge, haben ergeben, daß es die wirksamste, würdigste und im Endergebnisse sparsamste Hilfe für derartige Schwererwerbsbeschränkte ist, ihre Kräfte dem Wirtschaftsleben nutzbar zu machen. Die Fürsorge wird daher im Endergebnisse nicht verteuert, wenn sie verpflichtet wird, von vornherein auch diese Erwerbsbefähigung in ihren Aufgabenkreis einzubeziehen. Wo die Erfolglosigkeit des Versuchs, einen solchen Hilfsbedürftigen erwerbsfähig zu machen, mit Sicherheit vorauszusehen ist oder sich bereits herausgestellt hat, braucht er — wie sich aus § 10 ergibt — nicht unternommen oder fortgesetzt zu werden.

Daß einem Hilfsbedürftigen nach dem Ableben eine geordnete Bestattung zuteil werden soll, entspricht den bisher in allen Ländern geltenden Bestimmungen.

Zu § 7:

Die Fürsorge darf das selbstverantwortende Schaffen nicht lähmen. Es muß daher von jedem Hilfsbedürftigen verlangt werden, daß er die ihm noch verbliebene Arbeitskraft zur Beschaffung des notwendigen Lebensbedarfs selbst einsetzt, ehe ihm die Fürsorge Hilfe gewährt. Die Vorschriften des § 7 Abs. 2 und 3 wollen ihn aber auch dagegen schützen, daß er unter Voraussetzungen und in Formen zur Erwerbsarbeit gedrängt wird, die unwirtschaftlich oder unbillig wären; sie wollen insbesondere verhüten, daß eine Mutter, die ihre Kinder erziehen kann und will, durch die Fürsorge gezwungen wird, dem Erwerbe nachzugehen und ihre Kinder der Fürsorge anderer zu überlassen.

Zu § 8:

Die Belange der Allgemeinheit verlangen, daß, ehe die öffentliche Fürsorge eintritt, der Hilfsbedürftige *seine eigenen Mittel* einzusetzen hat, d. h. sein gesamtes verwertbares Vermögen und Einkommen. § 8 spricht in Abs. 1 diesen Grundsatz aus, sucht aber in Abs. 2 und 3 zu verhüten, daß diese Verwertung in einem Umfang oder in einer Art verlangt wird, die *unbillig oder unwirtschaftlich* wäre, insbesondere zwar im Augenblick eine Verringerung des Fürsorgeaufwandes, für später jedoch eine größere und dauernde Last zur Folge hätte.

Die öffentliche Wohlfahrtspflege darf *freiwillige* Gaben, die zu ihrer Ergänzung gegeben werden, nicht zu anderen Zwecken verwenden, als sie vom Geber bestimmt sind. § 8 Abs. 4 soll verhindern, daß eine mit dem Geberwillen in Widerspruch stehende Verwendung freiwilliger Gaben die Tätigkeit der freien Wohlfahrtspflege beeinträchtigt und die Gebefreudigkeit Dritter hemmt.

Die Bestimmung des Abs. 5 entspringt der Erwägung, daß derjenige, der durch außergewöhnliche Tatkraft trotz vorgerückten Alters oder starker Beschränkung seiner Erwerbsfähigkeit sich bemüht, seine wirtschaftliche Lage zu verbessern, von der Fürsorge auch besonders berücksichtigt werden soll. Als *schwererwerbsbeschränkt* sind Personen anzusehen, die wenigstens um 50 v. H. in ihrer Erwerbsfähigkeit beschränkt sind.

Zu § 9:

Wenn auch nach § 8 Vermögen und Ansprüche, die noch nicht verwertbar sind, bei Prüfung der Hilfsbedürftigkeit und der Art und des Maßes der Hilfe nicht berücksichtigt werden können, so ist es doch gerechtfertigt, in geeigneten Fällen auf solches Vermögen oder solche Ansprüche zurückzugreifen, wenn sie später verwertbar sind. § 9 sieht daher vor, daß die Hilfeleistung ausdrücklich von der *Verpflichtung* abhängig gemacht werden kann, die *aufgewendeten Kosten zurückzuzahlen*. Durch die Vorschriften des Abs. 2 und 3 soll ungerechtfertigten Härten vorgebeugt, insbesondere verhindert werden, daß Personen, denen die Rückzahlung der aufgewendeten Kosten voraussichtlich nur aus dem Arbeitseinkommen möglich ist, durch die eingegangene Verpflichtung in ihrem Fortkommen auf lange Zeit schwer gehemmt werden. Die Vorschrift schließt selbstverständlich nicht aus, daß da, wo ein Darlehen an sich die ausreichende und angemessene Hilfe darstellt, auch diese Form gewählt wird.

Zu § 10:

Der Lebensbedarf ist nur insoweit zu gewähren, als er im Einzelfall erforderlich ist. Was als *erforderlich* zu gelten hat, ist ohne Engherzigkeit, aber mit der ernsten Verantwortung zu prüfen, die bei Verwendung öffentlicher Mittel unter den gegenwärtigen Verhältnissen besonders geboten ist; dabei werden einerseits die berechtigten besonderen Bedürfnisse des Hilfsbedürftigen und andererseits die Finanzlage sowie die allgemeine Lebenshaltung des Volkes in abwägende Rücksicht zu ziehen sein.

Den schwierigen wirtschaftlichen Verhältnissen, unter denen kinderreiche Familien leben, ist besonders Rechnung zu tragen. Dies gilt auch für Flüchtlinge.

Auch die Frage, in welcher Form Hilfe geleistet werden soll, muß individuell, d. h. nach der Besonderheit des Einzelfalles, geprüft und entschieden werden.

### Zu § 11:

Auf die Hingabe von Geld kann sich die Fürsorge nicht beschränken; je nach den Umständen muß sie auch Sachleistungen und vor allem persönliche Hilfe gewähren. Die Fürsorge kann in offener oder Anstaltspflege geleistet werden; der Hilfsbedürftige soll aber gegen eine nicht gebotene, ihm unerwünschte Unterbringung in einer Anstalt oder fremder Familie angemessen geschützt werden.

### Zu § 12:

Die Reichsversicherungsordnung gewährt nicht nur Schwangeren und Wöchnerinnen, die selbst versichert sind, Wochenhilfe, sondern auch den Familienangehörigen Versicherter. § 12 will auch anderen Schwangeren und Wöchnerinnen, wenn sie hilfsbedürftig sind, die Hilfe sicherstellen, die die Reichsversicherungsordnung (§ 205 a) den Familienangehörigen Versicherter gewährt.

In Anlehnung an die früheren Bestimmungen über Wochenfürsorge einheitliche Mindesteinkommenssätze für die Gewährung der Hilfe festzusetzen, erschien bei der Verschiedenartigkeit der wirtschaftlichen Verhältnisse in den einzelnen Teilen des Deutschen Reiches nicht angebracht. Die Fürsorge wird aber gerade Schwangeren und Wöchnerinnen gegenüber bei Prüfung der Hilfsbedürftigkeit besonders wohlwollend verfahren und daher vielfach bei Familien eingreifen müssen, bei denen sonst die Inanspruchnahme öffentlicher Fürsorgemittel nicht in Betracht kommt.

### Zu § 13:

Dem Hilfsbedürftigen gegenüber, der sich unter Aufwendung besonderer Tatkraft bemüht, sich selbst zu erhalten, ebenso wie gegenüber der Allgemeinheit, die die Fürsorgelasten zu tragen hat, ist es ein Gebot der Billigkeit, bei Arbeitsscheuen und offenbar unwirtschaftlichen Personen die Fürsorge weitgehend zu beschränken. Das gleiche muß den Hilfesuchenden gegenüber möglich sein, die den berechtigten Anordnungen der zuständigen Stellen beharrlich zuwiderhandeln. § 13 trägt dieser Forderung Rechnung; er gilt für alle Gruppen von Hilfsbedürftigen, also auch für die unter B bezeichneten. Um einen Hilfsbedürftigen als arbeitsscheu oder offenbar unwirtschaftlich anzusehen, genügt eine einmalige Arbeitsverweigerung oder ein einmaliges unwirtschaftliches Verhalten nicht; es muß vielmehr eine dauernde Arbeitsscheu oder ein Hang zum Nichtstun festgestellt werden.

## B. Besondere Bestimmungen.

### a) Für Kleinrentner, Sozialrentner und ihnen Gleichstehende.

Zu §§ 14 und 15:

Die von der Kleinrentnerfürsorge handelnden Bestimmungen der §§ 14 und 15 schließen sich im wesentlichen den bisherigen Grundsätzen über Voraussetzung, Art und Maß der Fürsorge für Kleinrentner an.

Der Personenkreis ist im § 14 in Anlehnung an die früheren Vorschriften des § 2 des Gesetzes vom 4. Februar 1923 über die Kleinrentnerfürsorge (Reichsgesetzbl. I S. 104) umschrieben. Voraussetzung der Kleinrentnereigenschaft ist hiernach, daß der Hilfsbedürftige infolge eigener oder fremder Vorsorge ohne die eingetretene Geldentwertung nicht auf die öffentliche Fürsorge angewiesen wäre. Die bisherige Bestimmung, daß diese Kleinrentnereigenschaft auch dann anzunehmen ist, wenn die Hilfsbedürftigkeit „ohne sonstige Kriegsfolgen" nicht eingetreten wäre, ist nicht wieder aufgenommen worden, da sie in der Praxis vielfach zu Zweifeln und Streitigkeiten Anlaß gegeben hat und der Nachweis, daß „ohne die Kriegsfolgen" eine Person nicht auf die öffentliche Fürsorge angewiesen wäre, um so schwerer zu führen ist, je weiter die Kriegszeit zurückliegt; Härten, die sich etwa daraus ergeben könnten, lassen sich ohne weiteres auf dem im § 17 vorgesehenen Wege ausgleichen. Andererseits ist auch von den bisher im § 2 des Kleinrentnerfürsorgegesetzes unter a bis d vorgesehenen Einschränkungen abgesehen worden, da sie nach den bisherigen Erfahrungen die Durchführung der Bestimmungen zu sehr erschwerten und sachlich von keiner erheblichen Bedeutung sind.

Als Kleinrentnerinnen sind u. a., wie bisher, auch alte oder erwerbsunfähige Diakonissinnen und Ordensschwestern anzusehen, denen das Mutterhaus infolge der Geldentwertung keine ausreichende Versorgung mehr gewähren kann.

Zu den Personen, die ohne die eingetretene Geldentwertung nicht der öffentlichen Fürsorge anheim gefallen wären, sind auch die Flüchtlinge zu zählen, die während des Krieges oder nachher ihr Vermögen im Auslande oder einem ehemals deutschen Gebiete verloren haben, ohne daß sie dafür ausreichend entschädigt werden konnten.

Bei Kleinrentnern sollen auch in Zukunft Hilfsbedürftigkeit sowie Art und Maß der Hilfe nach besonderen Maßstäben beurteilt werden. Die Kleinrentner sollen vor allem dagegen geschützt werden, daß sie noch die letzten Reste des ihnen durch die Geldentwertung genommenen Vermögens angreifen müssen, ehe die Fürsorge mit ihrer Hilfe einsetzt.

Zu § 16:

Zu den Sozialrentnern im Sinne des § 16 gehören

1. auf dem Gebiete der Invalidenversicherung
   a) die Empfänger einer Invalidenrente (§ 1255 R. V. O.); invalide ist, wer $^2/_3$ der Erwerbsfähigkeit verloren hat oder 65 Jahre alt ist;
   b) die Empfänger einer Witwen- oder Witwerrente (§§ 1258, 1260 RVO.);

2. auf dem Gebiete der Angestelltenversicherung
   a) die Empfänger von Ruhegeld (§ 30 des Angestelltenversicherungsgesetzes); berufsunfähig ist, wer die Hälfte der beruflichen Arbeitskraft verloren hat oder 65 Jahre alt ist;
   b) die Empfänger einer Witwerrente und solche Empfängerinnen einer Witwenrente, die berufsunfähig oder invalide oder 65 Jahre alt sind;
3. auf dem Gebiete der knappschaftlichen Versicherung
   a) die Empfänger einer Invalidenpension (§§ 25, 26 des Reichsknappschaftsgesetzes);
   b) die Empfängerinnen einer Witwenrente, die berufsunfähig oder invalide oder 65 Jahre alt sind;
4. auf dem Gebiete der Unfallversicherung
   a) die Unfallrentner, die zugleich entweder eine Invalidenrente nach der Reichsversicherungsordnung oder ein Ruhegeld nach der Angestelltenversicherung oder eine Invalidenpension nach der Knappschaftsversicherung beziehen;
   b) andere Empfänger einer Verletztenrente dann, wenn sie infolge des Unfalls berufsunfähig oder invalide oder wenn sie 65 Jahre als sind;
   c) die Empfängerinnen einer Witwenrente, die berufsunfähig oder invalide oder 65 Jaher alt sind;
   d) die Empfänger einer Witwerrente.

Zu § 17:

Die Bestimmung des § 17 umfaßt den Personenkreis des bisherigen § 2 Abs. 2 des Kleinrentnerfürsorgegesetzes. Sie bezieht aber darüber hinaus auch andere *Personengruppen* in die gehobene Fürsorge ein, bei denen ähnliche Rücksichten wie bei den Kleinrentnern angebracht sind. Sie ermöglicht es, Härten auszugleichen und in die Sozialrentnerfürsorge die Witwen einzubeziehen, die eine Rente aus der Invalidenversicherung lediglich deshalb nicht erhalten, weil ihre gegen Invalidität versicherten Ehemänner vor dem 1. Januar 1912 invalide geworden sind.

b) *Für Kriegsbeschädigte und Kriegshinterbliebene.*

Zu § 18:

Die besonderen Bestimmungen für Kriegsbeschädigte und Kriegshinterbliebene geben, soweit Voraussetzungen, Art und Maß der sozialen Fürsorge in Betracht kommen, *im wesentlichen die Grundsätze wieder*, die der Reichsausschuß der Kriegsbeschädigten- und Kriegshinterbliebenenfürsorge mit Zustimmung des Reichsarbeitsministers unter dem 6. Dezember 1919 aufgestellt hat (vgl. Amtl. Nachrichten des Reichsarbeitsministeriums 1919 Heft 11).

Daneben gibt § 18 der schon bisher vertretenen Auffassung Ausdruck, daß auch die allgemeine Fürsorge auf denjenigen, der seine Gesundheit der Allgemeinheit geopfert oder dessen Ernährer in ihrem Dienste gefallen ist, die gleichen Rücksichten zu nehmen hat, wie auf denjenigen der infolge der Geldentwertung auf die Fürsorge angewiesen ist.

Zu § 20:

Die im § 20 Abs. 2 angeführten Reichsgesetze, die soziale Fürsorge im Sinne des Reichsversorgungsgesetzes zubilligen, sind:

das Altrentnergesetz vom 18. Juli 1921 in der Fassung vom 30. Juni 1923 (Reichsgesetzbl. I S. 542),

das Kriegspersonenschädengesetz vom 15. Juli 1922 in der Fassung vom 30. Juni 1923 (Reichsgesetzbl. I S. 545),

das Wehrmachtversorgungsgesetz vom 4. August 1921 (Reichsgesetzbl. S. 993) und

das Reichsgesetz über die Schutzpolizei der Länder vom 17. Juli 1922 (Reichsgesetzbl. I S. 597).

Die Vorschrift im § 20 Abs. 3 entspricht der Ziffer 21 der bisherigen Zuständigkeitsgrundsätze; dabei wird, wie seither, auch künftig soziale Fürsorge vor der Entscheidung über den Versorgungsanspruch in der Regel nur dann in Betracht kommen, wenn auf die Anerkennung des Anspruchs mit Wahrscheinlichkeit gerechnet werden kann.

Zu § 21:

Die Bestimmung im § 21 entspricht derjenigen in Ziffer 13 der bisherigen Zuständigkeitsgrundsätze.

Zu § 22:

Wie seither (§ 1 der bisherigen Zuständigkeitsgrundsätze), soll auch künftighin die soziale Fürsorge in der Regel nur eintreten, wenn ein ursächlicher Zusammenhang zwischen der erlittenen Dienstbeschädigung oder dem Verluste des Ernährers und der zu behebenden Notlage besteht; die Bestimmung, daß bis zum Beweise des Gegenteils ein solcher Zusammenhang vermutet wird, will den berechtigten Wünschen der Kriegsbeschädigten und der bisherigen Verwaltungsübung entgegenkommen. Daß den Beschädigten oder den Hinterbliebenen ein Anspruch auf Rente zusteht, ist nicht unbedingt erforderlich.

Zu § 23:

Die soziale Fürsorge ist ihrer Natur nach eine individuelle Ergänzung der Rentenversorgung. Sie erfordert eine wohlwollende Berücksichtigung der Verhältnisse des Kriegsbeschädigten oder der Kriegshinterbliebenen, die nicht unbillig mit Ausgaben belastet werden sollen, die ganz oder überwiegend die Folge der Kriegsbeschädigung oder des Verlustes des Ernährers sind. Die Vorschriften des § 23 dienen diesem Zwecke.

Zu § 24—30:

Die soziale Fürsorge muß in ihren Leistungen zum Teil erheblich über die der allgemeinen Fürsorge hinausgehen. Ihr Aufgabenkreis ist in den §§ 24—29 in Anlehnung an die Vorschriften in §§ 21 und 22 des Reichsversorgungsgesetzes und Ziffer 1, 11, 12 und 14 der bisherigen Zuständigkeitsgrundsätze bestimmt. Den bisherigen Erfahrungen entsprechend soll die soziale Fürsorge auch künftig die Eingliederung der Kriegsbeschädigten und Kriegshinterbliebenen in das Wirtschaftsleben nachdrücklich fördern und den Waisen und den Kindern Schwerbeschädigter ihre besondere Sorge zuwenden. Während im Rahmen der allgemeinen Fürsorge die Erwerbsbefähigung nicht notwendig die Ausbildung zu einem bestimmten Beruf umfaßt, soll diese Ausbildung in der sozialen Fürsorge die Regel sein.

Zu den Aufgaben der sozialen Fürsorge gehört wie seither auch künftig die Heilfürsorge für nichtversicherte Hinterbliebene (§ 30).

Zu § 31:

Die Verpfändung von Versorgungsgebührnissen zur Erlangung von Darlehen ist in § 68 des Reichsversorgungsgesetzes unter bestimmten Voraussetzungen zugelassen. Die Erfahrungen haben gezeigt, daß von dieser Darlehnsmöglichkeit vielfach in einer Weise Gebrauch gemacht wird, die den Belangen der Kriegsbeschädigten und Kriegshinterbliebenen ausreichend dient; § 31 Abs. 1 weist daher auf diese Fürsorgemöglichkeit besonders hin. Selbstverständlich bleibt es der Fürsorge unbenommen, den Kriegsopfern auch Darlehen oder sonstige Unterstützungen gegen anderweitige Sicherheit oder ohne solche zu gewähren, wenn die Darlehensgewährung als angemessene Form der Hilfe anzusehen ist. Im übrigen entspricht es dem Wesen der sozialen Fürsorge, daß sie ihre Hilfe von der Verpflichtung der Zurückzahlung der aufgewendeten Kosten in der Regel nur dann abhängig macht, wenn es mit Rücksicht auf Art und Zweck der Fürsorgeleistung und mit Rücksicht auf die gegenwärtigen oder zu erwartenden wirtschaftlichen Verhältnisse des Hilfesuchenden unbillig wäre, davon abzusehen.

Zu § 32:

§ 32 entspricht der Ziffer 15 der bisherigen Zuständigkeitsgrundsätze.

Die günstigen Erfahrungen, die mit allgemeinen Einrichtungen gemacht worden sind, die den Kriegsbeschädigten und Kriegshinterbliebenen zugute kommen, lassen den besonderen Hinweis in § 32 auch gegenüber der allgemeinen Bestimmung des § 4 gerechtfertigt erscheinen; in Betracht kommen besonders Einrichtungen auf dem Gebiete der Arbeits- und Wirtschaftsfürsorge sowie der Gesundheits- und Kindererholungsfürsorge.

## C. Schlußbestimmungen.

Zu § 33:

Soweit ein Erwerbsloser Anspruch auf Erwerbslosenfürsorge hat, gelten für ihn die besonderen Vorschriften der Erwerbslosenfürsorge; im Interesse der Vollständigkeit der Grundsätze weist § 33 auf diese Vorschriften hin. Die Bestimmungen über Erwerbslosenfürsorge schliessen es nicht aus, daß in besonders gelagerten Fällen ein Empfänger der Erwerbslosenunterstützung oder seine Angehörigen auch aus der allgemeinen Fürsorge unterstützt werden.

Zu § 34:

Die Bestimmungen über die Behandlung der Ausländer entsprechen dem bisherigen Rechtszustand. Wegen der sozialen Fürsorge für österreichische Kriegsbeschädigte und Kriegshinterbliebene wird auf den Vertrag zwischen dem Deutschen Reiche und der Republik Österreich vom 17. August 1921 (vgl. Gesetz vom 8. März 1922, Reichsgesetzbl. S. 233) verwiesen.

Zu § 35:

Die Reichsgrundsätze stellen Mindestvorschriften dar. Sie hindern, wie bereits die Einleitung bemerkt, die Länder und, soweit landesrechtliche Vorschriften nicht entgegenstehen, auch die Fürsorgeverbände nicht, dem Hilfsbedürftigen darüber hinaus Hilfe zu gewähren. Die Länder können auf Grund des § 6 der Fürsorgepflichtverordnung weitergehende Hilfsmaßnahmen allgemein vorschreiben; sie können dabei für alle oder einzelne Gruppen der Hilfsbedürftigen den örtlichen Verhältnissen angepaßte Richtsätze aufstellen und bestimmen, daß die Fürsorge das Einkommen des Hilfsbedürftigen wenigstens auf den Betrag dieser Richtsätze zu ergänzen hat, wenn nicht Tatsachen die Annahme rechtfertigen, daß eine derartige Hilfe nicht nötig ist.

Gewährt ein vorläufig verpflichteter Fürsorgeverband einem Hilfsbedürftigen im Rahmen der Reichsgrundsätze Hilfe, so kann er nach § 16 der Fürsorgepflichtverordnung Ersatz von dem endgültig verpflichteten Fürsorgeverband verlangen und zwar nicht nur für die Hilfe, die die Reichsgrundsätze vorschreiben, sondern auch für diejenige, die sie zulassen (Kannvorschriften).

Gewährt ein Fürsorgeverband über die Reichsgrundsätze hinaus Hilfe, so kann er die Mehrkosten von dem Fürsorgeverband eines anderen Landes nicht, von dem Fürsorgeverband des gleichen Landes nur dann verlangen, wenn sich die Hilfe im Rahmen von den Ländern auf Grund des § 6 der Fürsorgepflichtverordnung erlassenen Vorschriften hält.

Der Reichsarbeitsminister.
Im Auftrag
Dr. Ritter.

Der Reichsminister des Innern.
Im Auftrag
Dammann.

# II. Bayerisches Landesrecht.

## 1.

## Vorläufige Ausführungsverordnung vom 27. März 1924 über die Fürsorgepflicht.

(GVBl. S. 126, Staatsanzeiger Nr. 74.)
Gesamtministerium des Freistaates Bayern.

Zur Ausführung der Reichsverordnung über die Fürsorgepflicht vom 13. 2. 24 — RFV. — (RGBl. S. 100) wird auf Grund des § 31 dieser Verordnung mit Wirkung vom 1. April 1924 an bis zur gesetzlichen Regelung vorläufig folgendes verordnet:

### I. Fürsorgeverbände.

Art. 1. Die Aufgaben der öffentlich-rechtlichen Fürsorge nach der RFV. werden durch den Landesfürsorgeverband, Bezirksfürsorgeverbände und Ortsfürsorgeverbände erfüllt.

Art. 2. Landesfürsorgeverband im Sinne der RFV. ist für die ihm zugewiesenen Aufgaben der Kreis, im übrigen der Staat.

Art. 3. I. Bezirksfürsorgeverbände im Sinne der RFV. sind die Bezirke und die kreisunmittelbaren Städte.

II. An Stelle der Bezirke sind für die Armenfürsorge einschließlich der Fürsorge für hilfsbedürftige Minderjährige die nicht kreisunmittelbaren Gemeinden Bezirksfürsorgeverbände (Ortsfürsorgeverbände).

Art. 4. I. Die Bildung eines Gesamtfürsorgeverbandes durch Zusammenschluß mehrerer Bezirksfürsorgeverbände (Art. 3 Abs. I) oder Ortsfürsorgeverbände (Art. 3 Abs. II) bedarf der Genehmigung der Staatsaufsichtsbehörde. Gleiches gilt für die Teilung eines Bezirksfürsorgeverbandes oder Ortsfürsorgeverbandes.

II. Bei dringendem öffentlichen Bedürfnis, insbesondere zur Sicherung der Leistungsfähigkeit, kann die Regierung, Kammer des Innern, Bezirksfürsorgeverbände und Ortsfürsorgeverbände auch ohne deren Zustimmung zu einem Gesamtfürsorgeverband vereinigen oder andere Änderungen hinsichtlich der Bezirke der Fürsorgeverbände treffen.

## II. Aufgaben der Fürsorgeverbände.

Art. 5. I. Aufgaben der Bezirksfürsorgeverbände (Art. 3 Abs. I) sind alle in der RFV. den Bezirksfürsorgeverbänden zugewiesenen Aufgaben der Fürsorge, insbesondere die Fürsorge in Einzelfällen, soweit sie nicht in dieser Verordnung anderen Verbänden zugewiesen sind.

II. Die nach Art. 3 Abs. II den Ortsfürsorgeverbänden obliegende Armenfürsorge bemißt sich nach den für die Ortsarmenverbände geltenden Bestimmungen des Armengesetzes vom 21. August 1914.

Art. 6. I. Aufgaben der Kreise sind:

a) die Fürsorge für hilfsbedürftige Geisteskranke, Geistesschwache, Blöde, Epileptische, Blinde, Taubstumme, Krüppelhafte und unheilbare abschreckend oder ansteckend kranke Sieche, soweit sie der Anstaltspflege bedürfen;
b) die Fürsorge für die Erziehung und Ausbildung hilfsbedürftiger, blöder, blinder, taubstummer und krüppelhafter Kinder, soweit sie bildungsfähig sind, und der Unterbringung in Anstalten bedürfen;
c) die Übernahme und Kostenerstattung in den Fällen, in denen der Landesfürsorgeverband nach der RFV. als endgültig pflichtiger Fürsorgeverband einzutreten hat;
d) die dem Lande nach § 12 Abs. II mit IV und § 13 RFV. obliegende Fürsorge;
e) die Gewährung von Zuschüssen an Bezirks- und Ortsfürsorgeverbände, soweit sie mit Fürsorgelasten unverhältnismäßig belastet sind.

II. Die Kreise können mit Genehmigung der zuständigen Staatsministerien noch andere Aufgaben der Fürsorgeverbände übernehmen.

III. Der endgültig verpflichtete Bezirks- oder Ortsfürsorgeverband hat in den Fällen des Abs. Ia und b ein Fünftel und in den Fällen des Abs. II mindestens ein Viertel des Fürsorgeaufwandes dem Kreise zu ersetzen.

IV. Der Staat ersetzt vier Fünftel des Fürsorgeaufwandes nach Abs. I d.

Art. 7. Aufgabe des Staates ist:

a) die Förderung allgemeiner Einrichtungen der Fürsorge;
b) die Beteiligung an der sozialen Kriegsbeschädigten- und Kriegshinterbliebenenfürsorge, insbesondere an der Erzie-

hungs-, Berufs- und Gesundheitsfürsorge für Kriegerwaisen und Kinder Schwerkriegsbeschädigter, an der Siechenfürsorge und der Fürsorge für sonstige Schwerstbeschädigte;

c) die Beteiligung an der Arbeitsfürsorge für Schwerbeschädigte und Schwererwerbsbeschränkte im Sinne des § 1 Abs. I d RFV.;

d) die Gewährung von Zuschüssen an Fürsorgeverbände, soweit sie mit Fürsorgelasten unverhältnismäßig belastet sind.

## III. Behörden und Verfahren.

Art. 8. I. Die Durchführung der Fürsorgeaufgaben obliegt den nach den bisherigen Vorschriften zuständigen Stellen. Dies gilt auch für die Armenfürsorge.

II. Für das Verfahren sind die bisherigen Vorschriften vorbehaltlich des § 29 Satz 2 RFV. maßgebend.

1. Der Absatz I des Art. 8 ist durch die VO. über die Verwaltung der Fürsorgeverbände vom 12. 1. 25 (abgedr. S. 48 ff.) ersetzt. Die Verwaltungsorgane (gesetzl. Vertreter) der Fürsorgeverbände richten sich nunmehr ausschließlich nach dieser VO. und zwar für alle in § 1 der RFV. genannten Fürsorgezweige.

2. Der Absatz II des Art. 8 ist durch die Verw. VO. grundsätzlich unberührt geblieben, da diese (wenigstens grundsätzlich) ausschließlich die Verwaltungsorgane (gesetzl. Vertreter) der Fürsorgeverbände, nicht aber Verfahren, Beschwerde und Aufsicht regelt. Soweit die Verw. VO. einzelne Verfahrensbestimmungen enthält, gelten diese.

## IV. Umfang der Fürsorge.

Art. 9. I. Voraussetzung, Art und Maß der zu gewährenden Fürsorge richtet sich bis zum Erlaß neuer Vorschriften nach den bisherigen Vorschriften über die Fürsorge für Kriegsbeschädigte und Kriegshinterbliebene, Sozialrentner und Kleinrentner sowie über die Wochenfürsorge.

II. Für die Armenfürsorge einschl. der Fürsorge für hilfsbedürftige Minderjährige gelten entsprechend die Bestimmungen des Armengesetzes vom 21. August 1914.

Die Bestimmungen des Art. 9 sind nunmehr durch die Reichsgrundsätze vom 4. 12. 24 (abgedr. S. 22) überholt. Vgl. auch § 35 Abs. I der Reichsgrundsätze (oben S. 32).

München, den 27. März 1924.

Dr. von Knilling. Gürtner. Dr. Schweyer. Dr. Matt.
Dr. Krausneck. Oswald. Lang, Staatsrat. J. V. Dr. Schmidt.

## 2.
# Verordnung über die Verwaltung der Fürsorgeverbände vom 12. Januar 1925.

### Einleitung.*)

Nach § 3 der Reichsverordnung über die Fürsorgepflicht vom 13. 2. 24 (RGBl. I S. 100) bestimmt das Land, welche Behörden oder Stellen die Aufgaben der Landes- und Bezirksfürsorgeverbände durchzuführen haben. Die bayerische vorläufige Ausführungsverordnung vom 27. 3. 24 (GVBl. S. 126) hat hierzu in Art. 8 Abs. I nur vorgeschrieben:

„Die Durchführung der Fürsorgeaufgaben obliegt den nach den bisherigen Vorschriften zuständigen Stellen. Dies gilt auch für die Armenfürsorge."

Die endgültige Regelung blieb dem Ausführungsgesetz vorbehalten; dieses ist bisher noch nicht erlassen, wird aber nach Erklärung der Staatsregierung in tunlichster Bälde erscheinen.

1. Schwierigkeiten ergaben sich in jüngster Zeit für das Gebiet der Armenfürsorge. Hier waren seither noch in Stadt und Land die Armenräte (Art. 21 ff. des Armengesetzes vom 21. 8. 14) als Behörden der Fürsorge, als Verwaltungsorgane und gesetzliche Vertreter der Fürsorgeverbände, aufrecht erhalten. Die Amtsdauer der Armenräte ist zufolge Ablaufs der Wahlzeit (Art. 22 und 25 des Armengesetzes in Verbindung mit Art. 5 des Selbstverwaltungsgesetzes) zugleich mit der Amtsdauer der Stadt- und Gemeinderäte mit dem 31. Dezember 1924 zu Ende gegangen. Daraus ergäbe sich an sich die Notwendigkeit von Neuwahlen für die Armenräte. Das künftige Ausführungsgesetz wird aber wohl, mit der Neuregelung der Behörden der Fürsorge, den Wegfall der seitherigen Armenräte bringen, wie dies namentlich auch von städtischen Vertretern dringend gefordert wird.

Es wäre nicht gerechtfertigt gewesen, für die Zeitdauer von ein paar Monaten Armenräte neu zu wählen, wegen dieser kurzen Zeitspanne die Beunruhigung politischer Wahlen in alle Gemeinden des Landes zu tragen und ihnen die Arbeit und die Kosten der Wahlen aufzubürden. Auch konnte den Neugewählten kaum zugemutet werden, ein Amt, in das sie sich in mancher Hinsicht erst einarbeiten müßten, für diese kurze Zeit zu übernehmen. Neuwahlen der Armenräte mußten daher vermieden werden.

Hierzu blieben, solange die abschließende gesetzliche Regelung der Ausführungsbestimmungen noch aussteht, zwei Möglichkeiten:

1. Verlängerung der Geltungsdauer der bisher gewählten Armenräte,

---

*) Aus einer Abhandlung des Ministerialrats Dr. Geiger in der Bayer. Gemeinde- und Verwaltungs-Zeitung 1925 Nr. 4 übernommen.

2. Schaffung neuer Vertretungsorgane der Fürsorgeverbände, also die Regelung eines Teilstückes des künftigen Ausführungsgesetzes.

Die Regelung in dem einen wie dem andern Sinn konnte sowohl im Wege der Gesetzgebung wie auch gemäß § 31 RFV. durch die Landesregierung im Verordnungswege erfolgen. Wenn auch der zu Ziff. 1 genannte Weg einfacher und rascher zu dem zunächst erstrebten Ziele (Vermeidung der Armenratwahlen) geführt hätte, so wurden hiergegen doch manche Bedenken erhoben. Es erschien namentlich städtischen Vertretern unerwünscht, die künftig wegfallenden Armenräte überhaupt noch zu berufen und nach der politischen Neuzusammensetzung der Stadt- und Gemeinderäte die Armenräte in der alten Zusammensetzung weiter wirken zu lassen.

Anderseits sprachen freilich auch gegen den zu Ziff. 2 genannten Weg manche Bedenken: Zerreißung des einheitlichen Gesetzgebungswerkes in mehrere vorläufige Ausführungsverordnungen, Trennung der Bestimmungen über die Verwaltungsorgane von den Bestimmungen über Verfahren, Beschwerde und Aufsicht mit den daraus folgenden rechtlichen Schwierigkeiten und Unklarheiten.

In der Verordnung über die Verwaltung der Fürsorgeverbände vom 12. 1. 25 (Staatsanz. Nr. 9) ist der zweitgenannte Weg beschritten.

2. Die Verwaltungsverordnung regelt nur die Verwaltungsorgane, d. i. die gesetzlichen Vertreter der Fürsorgeverbände, die Bildung der Organe und ihre Vertretungsbefugnisse. Dagegen läßt sie die Fragen der Träger der Fürsorge (Bezirksfürsorgeverbände, Ortsfürsorgeverbände und Landesfürsorgeverbände) und die Aufgabenverteilung zwischen ihnen, ferner im wesentlichen auch das Verfahrensrecht, Beschwerde und Aufsicht unberührt. Demnach bleiben die Bestimmungen der vorläufigen Ausführungsverordnung vom 27. 3. 24 mit Ausnahme des Art. 8 Abs. I aufrecht erhalten.

Art. 9 VAV. ist inzwischen allerdings im wesentlichen durch die Reichsgrundsätze über Voraussetzung, Art und Maß der öffentlichen Fürsorge vom 4. 12. 24 (RGBl. I S. 765) ersetzt worden.

Gleich der Reichsverordnung über die Fürsorgepflicht vom 13. 2. 24 und den Reichsgrundsätzen über Voraussetzung, Art und Maß der öffentlichen Fürsorge vom 4. 12. 24 zielt auch die bayerische Verwaltungsverordnung auf die Vereinheitlichung der Fürsorge ab, gleich den Reichsverordnungen geht auch sie davon aus, den besonderen Verhältnissen und Bedürfnissen der Kriegsbeschädigten- und Kriegshinterbliebenenfürsorge, der Kleinrentner und Sozialrentnerfürsorge Rechnung zu tragen.

In den rechtlich und politisch schwierigen Fragen der Regelung der Zusammenarbeit von öffentlicher und freier Wohlfahrtspflege, der bestimmenden Mitarbeit der Vertreter der Fürsorgebedürftigen, der Aufgabenabgrenzung zwischen Staatsverwaltung und Selbstverwaltung, sucht die Verordnung einen Weg zu beschreiten, der der Fortentwicklung der Fürsorge dient und so dem Gesetzgeber vielleicht für das künftige Ausführungsgesetz richtunggebend sein kann.

In dem Widerstreit der Belange städtischer Selbstverwaltung, freier Wohlfahrtspflege, Vertretung der Fürsorgebedürftigen, wählt die Verordnung einen Mittelweg, um einen Ausgleich zu schaffen, der zunächst wohl keinem der Beteiligten ganz entspricht, aber gerade deshalb vielleicht das Richtige trifft. Es bedeutet kein Mißtrauen gegenüber der öffentlichen Fürsorge der Selbstverwaltungskörper und gegenüber ihren Leistungen, wenn die Verordnung in Anerkennung der hervorragenden Bedeutung der freien Wohlfahrtspflege für unser gesamtes Fürsorgewesen ihr einen mitbestimmenden Einfluß einräumt und in Fortführung des bereits im bayerischen Armengesetz eingebürgerten Grundsatzes für die Vertretung des Fürsorgeträgers ein besonderes (von Stadtrat, Bezirkstag, Kreistag verschiedenes) Organ schafft. Die Bestimmungen des § 5 der RFV. werden dabei unter Verwertung der Gedanken des § 9 des Reichsjugendwohlfahrtsgesetzes angewendet, um eine wirksame Art des Zusammenarbeitens zwischen öffentlicher und freier Wohlfahrtspflege zu gewährleisten. Schon in der Kriegsbeschädigten- und Kriegshinterbliebenenfürsorge hatte sich die in der Verordnung vom 8. 2. 19 §§ 1, 2, 6 (RGBl. S. 187) vorgesehene Mitarbeit der freien Wohlfahrtspflege bewährt.

Die günstigen Erfahrungen in der Kriegsbeschädigten- und Kriegshinterbliebenenfürsorge waren es auch, die, wie in der RFV. § 3 Abs. II Satz 1, §§ 32 und 34, so auch in der bayerischen Verwaltungsverordnung zur verantwortlichen Heranziehung der Vertreter der Fürsorgebedürftigen, allerdings in der gebotenen Beschränkung auf Kriegsbeschädigte, Kriegshinterbliebene, Sozialrentner und Kleinrentner, geführt haben.

Wohl konnte angenommen werden, daß die Selbstverwaltungskörper auch von sich aus, ähnlich dem Vorbild der preußischen gemischten Deputationen, nach Art. 106 der Gemeindeordnung für die Beiziehung der freien Wohlfahrtspflege und der Fürsorgebedürftigen in ihren Unterausschüssen sorgen würden. Die Verordnung gibt aber, ohne der Regelung durch Stadtrat, Bezirkstag, im einzelnen vorzugreifen, im allgemeinen über die Zusammensetzung der Fürsorgeausschüsse (Wohlfahrtsausschüsse, Spruchausschüsse), über die Vertretung der verschiedenen Gruppen und das die Gleichberechtigung (Parität) wahrende Zahlenverhältnis einheitliche bindende Richtlinien für das ganze Land. Die einheitliche Richtschnur für das Land will verhindern, daß über die gleichen grundsätzlichen Fragen die gleichen Kämpfe mit wechselnden Zufallsergebnissen in 200 Städten und Bezirken des Landes durchgeführt werden.

Die Bindung an bestimmte Zahlen — z. B. bei den Spruchausschüssen der kreisunmittelbaren Städte und der Bezirke 4 oder 7 Mitglieder im ganzen — will auch verhindern, daß die Ausschüsse allzugroß werden.

Die Festsetzung des Haushalts ist auch für den Fürsorgeaufwand allein den politischen Vertretungen der Selbstverwaltungskörper, Stadtrat, Bezirkstag, Kreistag, übertragen, vgl. im einzelnen Art. 1, 3, 4, 5, 8 und 12.

Die Fragen des Ineinandergreifens von Staatsverwaltung und Selbstverwaltung in der Durchführung der Fürsorge kommen namentlich dort in Betracht, wo die Selbstverwaltung auf dem Fürsorgegebiet, insbesondere der Kriegsbeschädigten- und Kriegshinterbliebenenfürsorge, der Sozialrentner- und Kleinrentnerfürsorge seither noch wenig entwickelt ist. Selbstverwaltung setzt Selbstverantwortung und Selbsttragung der Kosten, auch des Verwaltungsaufwands, voraus. Im Gegensatz zu anderen Ländern des Reichs ist in Bayern gerade auch auf diesem Gebiet die Selbstverwaltung der Bezirke nicht bis ins einzelne durchgebildet. Ganz abgesehen von grundsätzlichen Fragen wäre es in einer Zeit, in der größte Sparsamkeit im Verwaltungsaufwand geboten ist, schon aus praktischen Gründen nicht vertretbar, eine Selbstverwaltung mit eigenem Beamtenapparat neu aufzuziehen, um ihr die bisher unter Mitwirkung staatlicher Stellen geführten Aufgaben zur eigenen Erledigung zu übertragen. Anderseits muß der Notwendigkeit Rechnung getragen werden, den Selbstverwaltungskörpern, die die Kosten aufzubringen haben, auch entsprechenden Einfluß auf die Verwaltung zu sichern. Auf der Würdigung dieser beiden Gesichtspunkte, auf Rücksichten auf die Erhaltung bestehender bewährter Einrichtungen, auch auf Gründen der Geschäftsvereinfachung und der Wahrung der Zusammenhänge der inneren Verwaltung dürften die Bestimmungen aufgebaut sein, die in der Verordnung über die Zusammensetzung der Bezirksfürsorgeausschüsse und Kreisfürsorgeausschüsse vorgesehen sind. Art. 4, 5, 8. Den Rücksichten der Geschäftsvereinfachung dienen übrigens auch die Bestimmungen, wonach die Erledigung von Aufgaben dem Vorsitzenden oder einem Beamten allein übertragen werden kann. Art. 3, 5, 8.

Die Vereinheitlichung der Fürsorge ist für alle Fürsorgezweige, einschließlich der Armenfürsorge, bei den Bezirksfürsorgeverbänden der kreisunmittelbaren Städte in ihren Verwaltungsorganen durchgeführt. Allerdings sind hier 2 Ausschüsse (Wohlfahrtsausschuß, Spruchausschuß) nebeneinander und selbständig voneinander als gesetzliche Vertretungsorgane vorgesehen; die Abgrenzung ihrer Zuständigkeiten ist in der Verordnung nicht mit der erwünschten Schärfe ausgesprochen (Art. 1, 3, 12).

Auch bei den Verwaltungsorganen der Landesfürsorgeverbände der Kreise ist — unbeschadet des Fortbestehens besonderer Stellen der

Kriegsbeschädigten- und Kriegshinterbliebenenfürsorge — eine Vereinheitlichung der Fürsorge in mancher Hinsicht erreicht, in anderer doch angebahnt. Die Lösung der Frage im künftigen Gesetz wird mit der Regelung des eigenen und übertragenen Wirkungskreises der Landesfürsorgeverbände in Zusammenhang stehen, auch davon abhängen, inwieweit die Landesfürsorgeverbände über den seitherigen Rahmen der Landarmenverbände hinaus sich zu Fürsorgeverbänden in dem Sinn entwickeln, wie die Stellen der Kriegsbeschädigten- und Kriegshinterbliebenenfürsorge ihre Fürsorgeaufgaben stets aufgefaßt haben. Es wird sich ferner fragen, wie Verfahren, Beschwerde und Aufsicht, Staatsaufsicht oder gegebenenfalls auch Fachaufsicht, geregelt werden, und wie Schwierigkeiten vermieden werden können, die sich in Preußen aus dem Nebeneinanderwirken eines oberen und eines unteren Kommunalverbandes da und dort ergeben haben, Schwierigkeiten, die für bayerische Stellen bisher nicht in Betracht kamen.

Bei den Bezirksfürsorgeverbänden der Bezirke sind, wie seither, auch in den neugeschaffenen Bezirksfürsorgeausschüssen nur die Sonderfürsorgezweige des § 1 Abs. I RFV. einheitlich zusammengefaßt. Die Frage, ob für die Armenfürsorge in den mittelbaren Gemeinden besondere Rechtsträger (Ortsfürsorgeverbände) beizubehalten sind, wie sie Art. 3 Abs. II BAB. geschaffen hat, oder ob nicht den praktischen Bedürfnissen der Mitarbeit der Gemeinde in der Fürsorge und ihrer Beteiligung an den Kosten in anderer rechtlich einwandfreierer Form genügt werden kann, war in der Verordnung über die Verwaltungsorgane nicht zu lösen; sie bleibt dem Gesetz vorbehalten.

Der Vereinheitlichung der Fürsorge dient auch die Eingliederung der amtlichen Fürsorgestellen für Kriegsbeschädigte und Kriegshinterbliebene in die Fürsorge- oder die Bezirksverwaltungsbehörden bei den Bezirksämtern und bei den kreisunmittelbaren Stadträten und die Erklärung der Spruchausschüsse zu Beiräten der Kriegsbeschädigten- und Kriegshinterbliebenenfürsorge. Mit der Eingliederung hören die Fürsorgestellen für Kriegsbeschädigte und Kriegshinterbliebene (Bayr. VO. vom 16. 3. 1921 §§ 3, 7 ff., GVBl. S. 99), deren rechtliche Sonderstellung nie scharf durchgebildet war, als besondere Stellen zu bestehen auf. Schon in der bisherigen Übung wurden sie — bei richtiger Durchführung nicht zum Schaden der Sache — nicht so fast als eigene Behörden als vielmehr als Abschnitte (Referate) der Bezirksverwaltungsbehörden behandelt. Die Überleitung gründet sich auf § 10 der VO. vom 8. 2. 1919 i. d. F. des § 34 RFV. Entsprechend der Doppelnatur der Aufgaben der Fürsorgestellen — teils Fürsorgeaufgaben nach der RFV., teils von Staat (oder Reich) außerhalb der RFV. übertragenen Aufgaben, wie die Zusatzrentenbehandlung — wurden diese Aufgaben teils den Verwaltungsorganen der Bezirksfürsorgeverbände, teils den Bezirksverwaltungsbehörden übertragen. Könnte diese Zweiteilung als Geschäftserschwerung erscheinen, so ist der Zweck der Bestimmung gerade Geschäftsvereinfachung, da sich die Aufgaben des übertragenen Wirkungskreises zur behörden- (büro-)mäßigen Erledigung eignen.

Die Verordnung bekundet in § 10, daß bei den obersten Landesverwaltungsbehörden (Staatsministerien des Innern und für soziale Fürsorge) die Vereinheitlichung noch fehlt, die aus der Praxis der Fürsorge, vom Bayerischen Städtebund, von den Verbänden der Fürsorgebedürftigen, aus Kreisen der freien Wohlfahrtspflege, wiederholt und dringend verlangt wurde. Die Verwaltungsverordnung stellt auch hier lediglich den derzeitigen Rechtszustand fest. Eine Zusammenfassung auch in der obersten Landesverwaltungsbehörde ist vom Standpunkt der Fürsorge notwendig. Bayern wird hier wohl dem Beispiel der Länder Preußen, Sachsen, Baden, Thüringen folgen müssen. Auch zu den Wünschen nach Ausbau der Einrichtungen der Landeshauptfürsorgestelle und Erweiterung ihres Beirats auch für Sozial- und Kleinrentnerfürsorge wird erst das künftige Gesetz Stellung zu nehmen haben.

Die Verordnung über die Verwaltung der Fürsorgeverbände soll, wie eingangs erwähnt, in Bälde durch ein Gesetz ersetzt werden. Dies ist zu begrüßen, da manche unsichere Rechtsfrage der Lösung harren wird. Beispielsweise möchte ich Juristen, die ihren Scharfsinn erproben wollen, die Frage vorlegen, was im einzelnen von dem Bayer. Armengesetz vom 21. 8. 14 derzeit noch gilt, was nicht mehr gilt.

Die einstweilige Regelung durch die Verwaltungsverordnung bringt für die Behandlung des künftigen Ausführungsgesetzes den Vorteil, daß gerade auch in den Fragen der Organisation Erfahrungen gesammelt werden können, um für die endgültige gesetzliche Regelung die bestmögliche Lösung zu versuchen. Denn neben dem materiellen Fürsorgerecht, wie es nunmehr die Reichsgrundsätze über Voraussetzung, Art und Maß der öffentlichen Fürsorge vom 4. 12. 24 in begrüßenswerter Weise festgelegt haben, ist für die Durchführung der Fürsorge die Behördeneinrichtung und die persönliche Einstellung aller ihrer Mitarbeiter von der größten Bedeutung.

## Inhaltsübersicht.

Es behandeln:

Art. 7: die Verwaltungsorgane der Ortsfürsorgeverbände,
Art. 8 u. 9: die Verwaltungsorgane der Landesfürsorgeverbände, (Kreise und Staat),
Art. 10: die Landeshauptfürsorgestelle und die Kreishauptfürsorgestellen für Kriegsbeschädigte und Kriegshinterbliebene,
Art. 11: Wählbarkeit zu den Ausschüssen, u. a.,
Art. 12 u. 13: die Vertretungsbefugnisse der Verwaltungsorgane,
Art. 14: besondere Bestimmungen für die Pfalz,
Art. 15: Inkrafttreten der Verordnung.

## Wortlaut der Verordnung
(mit Erläuterungen)*).

Nr. 4110 de 2750/11

Gesamtministerium des Freistaates Bayern.

### Verordnung über die Verwaltung der Fürsorgeverbände nach der Reichsverordnung über die Fürsorgepflicht.

(B. Staatsanz. 1925 Nr. 9; GVBl. S. 39)

Zur Ausführung der Reichsverordnung über die Fürsorgepflicht vom 13. 2. 1924 — RFV. — (RGBl. I S. 100) wird auf Grund des § 31 dieser Verordnung folgendes verordnet:

### Art. 1.

I Die Geschäfte des Bezirksfürsorgeverbandes in den kreisunmittelbaren Städten verwaltet der städt. Wohlfahrtsausschuß (Wohlfahrtshauptausschuß). Die Zusammensetzung des Wohlfahrtsausschusses wird im Rahmen der folgenden Bestimmungen durch den Stadtrat geregelt.

II Der Wohlfahrtsausschuß besteht aus

a) einem Vorsitzenden oder dessen Stellvertreter,
b) einer Anzahl Stadtratsmitglieder,
c) dem Amtsarzt,
d) je einem Geistlichen der katholischen Kirche, der evangelisch-lutherischen Landeskirche rechts des Rheins, der reformierten Kirche, in der Pfalz der protestantischen pfälzischen Landeskirche, insoweit im Stadtbezirk Kirchenge-

*) Die Erläuterungen, im Interesse des sofortigen Erscheinens der Schrift mit der größten Eile bearbeitet, können und wollen keine erschöpfende Darstellung und keine abschließende Lösung der zahlreichen schwierigen Rechtsfragen geben, sie wollen nur Anregungen und Hinweise und gewisse Erleichterungen für die Praxis bieten.

meinden des Bekenntnisses bestehen, ferner aus dem Rabbiner, wenn ein solcher in der Stadt seinen Sitz hat, andernfalls aus einem abgeordneten Mitglied der israelitischen Kultusverwaltung (in der Pfalz des Synagogenausschusses), wenn eine solche in der Stadt besteht,

e) Vertretern der in der Stadt tätigen Verbände der freien Wohlfahrtspflege wenigstens in der Hälfte der Zahl der Mitglieder nach b),

f) Vertretern aus den Kreisen der Kriegsbeschädigten und Kriegshinterbliebenen, der Sozialrentner und Kleinrentner wenigstens in der Hälfte der Zahl der Mitglieder nach b), von denen wenigstens die Hälfte den Kriegsbeschädigten und Kriegshinterbliebenen zu entnehmen sind,

g) Vertretern der Vorsteher von Wohlfahrtsbezirken (Art. 2 Abs. I und II) oder sonstigen in der öffentlichen Wohlfahrtspflege tätigen Personen bis zu $^1/_3$ der Zahl der Mitglieder nach b).

III Den Vorsitzenden und dessen Stellvertreter beruft der Stadtrat für die Dauer seiner Wahlzeit aus seiner Mitte; er bestimmt die Zahl der Mitglieder nach Abs. II b und g und beruft sie und ebensoviele Stellvertreter für die Dauer seiner Wahlzeit.

IV Die Geistlichen und ihre Stellvertreter (Abs. II d 1. Teil) ordnet für die Dauer der Wahlzeit die kirchliche Oberbehörde ab. Haben mehrere Amtsärzte im Stadtbezirk ihren Sitz, so bestimmt die vorgesetzte Dienstbehörde, welcher von ihnen dem Wahlfahrtsausschusse angehört.

V Die Vertreter der Verbände der freien Wohlfahrtspflege und ebensoviele Stellvertreter werden vom Stadtrat für die Dauer seiner Wahlzeit nach den Vorschlägen der im Stadtbezirk wirkenden Vereinigungen für freie Wohlfahrtspflege berufen. Vorschlagsberechtigt sind Vereinigungen, die sich seit mindestens 3 Jahren mit Wohlfahrtspflege im Stadtbezirke befassen und eine entsprechende Zahl von Mitgliedern ausweisen. Ihre Vorschläge sind nach Umfang und Bedeutung des Wirkens der Vereinigung zu berücksichtigen. Den Vereinigungen steht wegen Ausschlusses vom Vorschlag oder wegen Nichtberücksichtigung ihrer Vorschläge binnen 2 Wochen die Beschwerde zur Regierung, Kammer des Innern, offen. Diese entscheidet unbeschadet der Oberaufsichtsbeschwerde endgültig. Von den Voraussetzungen nach Satz 2 kann für die erstmalige Bildung der Ausschüsse die Regierung, Kammer des Innern, auf Antrag Befreiung bewilligen. Liegen Vorschläge im Sinne vorstehender Bestimmungen nicht vor, so beruft der Stadtrat die Vertreter nach freiem Ermessen.

VI Die Vertreter der Hilfsbedürftigen (Abs. II f) und ebensoviele Stellvertreter werden vom Stadtrat für die Dauer seiner Wahlzeit nach den Vorschlägen der Vereinigungen der Kriegsbeschädigten und Kriegshinterbliebenen, der Sozialrentner und Kleinrentner berufen. Abs. V Satz 2 mit 7 gilt entsprechend.

**Absatz I.**

1. Der Bezirksfürsorgeverband der kreisunmittelbaren Stadt und die Stadt sind eine Rechtspersönlichkeit, Art. 3 BAG. Allerdings hat diese Rechtspersönlichkeit für verschiedene Aufgabengebiete verschiedene Vertretungsorgane, den Stadtrat als allgemeines Vertretungsorgan, den Wohlfahrtsausschuß als Vertretungsorgan für die Aufgaben des Bezirksfürsorgeverbandes (s. Art. 12). Diese Zweiteilung des Wohlfahrtsausschusses hat ihr Vorbild in Art. 31 des Arm. G.

Aus Kreisen der Städtevertretungen wurden Wünsche laut, das Sonderorgan (Wohlfahrtsausschuß) zu beseitigen und auch die Fürsorgeaufgaben auf das allgemeine städtische Vertretungsorgan (den Stadtrat) zu übertragen und die Durchführung der Fürsorge besonderen Ausschüssen nach Art. 106 Gem.-O. zu überlassen. Demgegenüber gingen die Wünsche aus den Kreisen der freien Wohlfahrtspflege und der Verbände der Hilfsbedürftigen auf Schaffung dieses Sonderorgans (in Ausbau des seitherigen Armenrats) und auf ihre stimmberechtigte Mitwirkung in dem Sonderorgan. Die Verordnung wählt einen Mittelweg zum Ausgleich der widerstreitenden Belange (s. Einleitung, auch Anm. 5). Für die Haushaltsbewilligung bleibt die ausschließliche Zuständigkeit des Stadtrats unberührt (Art. 12 Abs. I Satz 2 und 3).

2. Rechtsstellung des Wohlfahrtsausschusses: Der Wohlfahrtsausschuß ist selbständiges Vertretungsorgan des Bezirksfürsorgeverbands (Stadt) in seinem Wirkungskreis: die Entscheidungen des Wohlfahrtsausschusses unterliegen sonach keiner Nachprüfung durch den Stadtrat; der Stadtrat ist nicht berechtigt, dem Wohlfahrtsausschuß Weisungen zu erteilen; der Wohlfahrtsausschuß ist in seinem Aufgabengebiet dem Stadtrat nicht nachgeordnet, sondern gleichgeordnet.

Wegen der Verteilung der Vertretungsbefugnis auf Wohlfahrtsausschuß und Spruchausschuß und ihrer gegenseitigen Stellung s. Art. 3 Anm. 1, im übrigen s. Art. 12 mit Anmerkungen.

Hat die Stadt mehrere Wohlfahrtsbezirke (Art. 2) und sonach mehrere Wohlfahrtsausschüsse gebildet, so führt der zentrale Wohlfahrtsausschuß für die gesamte Stadt die Bezeichnung „Wohlfahrtshauptausschuß“.

Gegen die Beschlüsse des Wohlfahrts(haupt)ausschusses ist die Anrufung der allgemeinen Staatsaufsicht (Art. 13 FVG.) zulässig. Über den Umfang des oberaufsichtl. Entscheidungsrechts vgl. die Schrifttumsnachweise in dem Aufsatz Zorn, bayr. Gem. VZ. 1925 Sp. 7.

3. Durch Art. 1 werden alle in § 1 Abs. I und II (abgedr. oben S. 5) aufgezählten Fürsorgezweige, die Sonderfürsorge wie die Armenfürsorge, nunmehr einem einzigen Verwaltungsorgan übertragen.

4. Aufgaben des Wohlfahrtsausschusses: alle Aufgaben des Fürsorgeverbandes, soweit sie nicht dem Spruchausschuß obliegen. Die Vermutung der Zuständigkeit spricht nach der Fassung des Art. 12 für den Wohlfahrtsausschuß.

Beispiele: Aufstellung von Richtlinien, insbesondere von Richtsätzen über die Unterstützung, Mitwirkung bei Aufstellung des Haushalts, Leitung und Beaufsichtigung der gemeindlichen Fürsorgeeinrichtungen, Armenhäuser und sonstigen aus Mitteln des Fürsorgeverbandes (ehemaligen Ortsarmenverbands) unterhaltenen Anstalten (vgl. Art. 32 II Arm. G.).

5. Die Zusammensetzung des Wohlfahrtsausschusses wird durch den Stadtrat geregelt. Der Stadtrat kann diese wie weitere Fragen der Verwaltungsverordnung im Wege einer Satzung regeln; während in einem Vorentwurf die Erlassung einer Satzung und auch ihre Genehmigung durch die Staatsaufsichtsbehörde vorgesehen waren, sind diese die Selbstverwaltung einschränkenden Bestimmungen (vgl. hiezu Art. 27 Abs. 4 Armengesetz) in der Verordnung nicht enthalten. Die Regelung durch Satzung des Stadtrats nach den allgemeinen Bestimmungen der Gemeindeordnung wird aber zur Sicherung der notwendigen Stetigkeit in der Zusammensetzung der Wohlfahrtsausschüsse zweckmäßig sein.

**Absatz II.**

6. Die Zusammensetzung im einzelnen:

Die Zusammensetzung sucht sowohl den Belangen der Stadt, insbesondere auf Wahrung einheitlicher und sachgemäßer Finanzverwaltung als auch den fürsorgerischen Belangen, die außer von der Stadt auch von der freien Wohlfahrtspflege und den Hilfsbedürftigen vertreten werden, angemessen Rechnung zu tragen. Die Bestimmung ist dem Art. 22 Arm.G. nachgebildet, ergänzt durch Aufnahme der Verbände der freien Wohlfahrtspflege und der Verbände der Hilfsbedürftigen; sie ist Blankettbestimmung, die im einzelnen durch Beschluß des Stadtrats ausgefüllt wird.

Bindungen bestehen hinsichtlich des Zahlenverhältnisses der Mitglieder nach b einerseits, e und f anderseits, nach b und g. Die Parität muß zugunsten der freien Wohlfahrtspflege und der Hilfsbedürftigen gewahrt werden. Beispiel: Ist die Zahl der Stadtratsmitglieder nach b 6, so muß die Zahl der Vertreter nach e und f mindestens je 3 betragen, von den Hilfsbedürftigen nach f müßte (wenigstens) die Hälfte, hier also 2, den Kb. u. Kh. entnommen werden; die Zahl der Vertreter nach g wäre höchstens 2. Die Gesamtzahl beträgt demnach: 1 Vorsitzender (Buchst. a) + 6 (Buchst. b) + 1

(Buchst. c) + 3 Buchst. d) + 3 (Buchst. e) + 3 (Buchst. f) + 2 (Buchst. g) = 19.

Schon dieses Beispiel ergibt, daß eine gewisse Gefahr besteht, daß die Ausschüsse zu groß werden. Aus Rücksichten der Geschäftsvereinfachung und Sparsamkeit der Verwaltung sind Ausschüsse in zu großer Zusammensetzung zu vermeiden. Die Mitgliederzahl zu b) darf daher nicht zu hoch gegriffen werden.

7. Zu Abs. II Buchst. e.

Die Beiziehung der Vertreter der freien Wohlfahrtspflege ist zwar in § 5 RFV. nicht ausdrücklich vorgeschrieben — anders § 9 RJWG. — sie stellt aber die zweckmäßigste und wirksamste Form des Zusammenarbeitens zwischen öffentlicher und freier Wohlfahrtspflege dar.

Die Zusammenarbeit ist übrigens bereits in der VO. vom 8. 2. 19 über die Kb.- und Kh.-Fürsorge §§ 1, 2, 6 und 9 sowie in den bayer. Ausführungsbestimmungen vom 31. 3. 19 und 4. 8. 22 (Mitt. der Landesfürsorgestelle 1. Jahrg. Nr. 1, 4. Jahrg. Nr. 4 S. 10) und ebenso für die Jugendausschüsse der Hauptfürsorgestellen, auch im Art. 22 Abs. IV Arm. G. vorgesehen.

8. Zu Abs. II Buchst. f:

Vertreter der Hilfsbedürftigen im Sinne der Bestimmungen der Verwaltungsverordnung sind nur Kb. und Kh., Sozialrentner und Kleinrentner; andere Gruppen von Hilfsbedürftigen kommen nicht in Betracht.

Eine Mitwirkung der Beteiligten ist reichsrechtlich in § 3 Abs. II, § 32 Abs. III RFV. und § 10 der VO. vom 8. 2. 19 i. d. F. des § 34 zur Pflicht gemacht. Schon bisher war die Beteiligung zum Teil vorgeschrieben, z. B. für die Beiräte durch die Verordnung vom 8. 2. 19, ferner für die Sozialrentner nach § 3 Abs. I Satz 2 des Notstandsmaßnahmegesetzes vom 17. 12. 21 in der Fassung der Bekanntmachung vom 29. 7. 22 (RGBl. I S. 775), vgl. auch für die Übergangszeit M. Bek. vom 1. 11. 24 Staatsanz. Nr. 256.

Begriff: Sozialrentner s. § 16 Reichsgrundsätze (abgedr. oben S. 28); auch Unfallrentner gehören hierher; bisher anders § 1 Abs. I Buchst. b RFV. (abgedr. oben S. 5).

9. Zu Abs. II Buchst. g:

Die Bestimmung entspricht dem Wunsch der Städte und ermöglicht die Nutzbarmachung der praktischen Erfahrungen der Vorsteher der Wohlfahrtsbezirke, der Verwalter von Wohlfahrtsanstalten usw.

10. Frauen sind nicht besonders aufgeführt (anders Art. 22 Satz 4 Armengesetz). Selbstverständlich können und sollen Frauen zu den Ausschüssen entsprechend beigezogen werden. Ihre Beiziehung ist möglich nach Abs. II Buchst. b, e, f und g. Die Bezirksfürsorgerin kann, auch wenn sie nicht Mitglied ist, mit beratender Stimme beigezogen werden.

**Absatz III.**

11. Die Amtsdauer aller Mitglieder des Wohlfahrtsausschusses ist wegen der nahen Beziehungen zum Stadtrat auf die Amtsdauer des Stadtrats beschränkt. Sie beträgt daher gemäß Art. X des Selbst-

verwaltungsgesetzes fünf Jahre. Die Amtsdauer der Stadtratsmitglieder läuft derzeit vom 1. 1. 25 bis 31. 12. 29.

Über Beendigungsgründe der Amtsdauer s. Art. 11 mit Anmerkungen.

**Absatz V und VI.**

12. In Abs. V Satz 3 ist die Bindung des Stadtrats an die Vorschlagslisten zum Ausdruck gebracht. Demselben Gedanken entspricht schon das in Satz 1 gebrauchte Wort „berufen" (statt „gewählt"). Diese Bindung besteht insbesondere hinsichtlich der Einhaltung der erkennbaren Reihenfolge der Vorgeschlagenen.

Eine Bindung besteht schon kraft Gesetzes nach Abs. II Buchst. e und f im Zusammenhang mit Buchst. b. Dagegen ist es Sache des pflichtgemäßen Ermessens des Stadtrats, die Anzahl der Stadtratsmitglieder nach b zu bestimmen mit den Rückwirkungen, die sich auf die Zahl der Mitglieder nach e und f ergeben. Danach bemißt sich auch, welche von den vorhandenen Vereinigungen — in der Reihenfolge ihres Umfangs und ihrer Bedeutung — überhaupt zum Zuge kommen können. Für Vereinigungen, die hienach bei der Mitgliederberufung nicht berücksichtigt werden können, kann die Beiziehung als stellvertretende Mitglieder einen gewissen Ausgleich bieten.

Die eingehendere Regelung, wie sie für die Beiratsmitglieder der Kb.- und Kh.-Fürsorge die Ziff. 3 des Erl. des Reichsarb.-Min. vom 4. 8. 22 (Mitt. LHFSt. 4. Jahrg. Nr. 4) bestimmt hatte, ist hier nicht vorgesehen. Vorschlagsberechtigt unter den Kb.- und Kh.-Vereinigungen werden auch künftig in erster Linie die bisher in den Beiräten vertretenen Vereinigungen sein, da sie meist die Voraussetzungen (Umfang und Bedeutung des Wirkens der Vereinigung) erfüllen werden.

Durch die Sperrfrist (Abs. II Satz 2) soll verhindert werden, daß etwaige Neugründungen von Vereinigungen, insbes. zum Zweck des Eintritts in die Wohlfahrtsausschüsse und Spruchausschüsse, erfolgen.

Bei der Frage der Bewilligung von Befreiungen (Voraussetzung der 3 jährigen Sperrfrist) für die Zulassung eines Verbandes oder einer Vereinigung kann nach Lage der Verhältnisse unter Umständen auch Gründungszeit, Umfang und Bedeutung der Landes-Organisation gewürdigt werden, der eine örtliche Vereinigung angehört.

Daß die Ausschußmitglieder innerhalb des BFV. ihren Wohnsitz haben müssen, bestimmt die VO. nicht; es besteht daher wohl kein Bedenken, wenn z. B. in den Bezirksfürsorgeausschuß, der seinen Sitz in einer unmittelbaren Stadt hat, auch Mitglieder, die in der unmittelbaren Stadt wohnen, berufen werden. Dies kann besonders in Bezirken, in denen die für den Bezirk in Frage kommenden Verbände der freien Wohlfahrtspflege und der Hilfsbedürftigen keine für die Berufung in Frage kommende Vertreter haben, von Bedeutung sein.

## Art. 2.

**I Nach Bedarf können in kreisunmittelbaren Städten für die Durchführung der Einzelfürsorge Wohlfahrtsbezirke gebil-**

**det werden. Die Staatsaufsichtsbehörde kann die Bildung solcher anordnen.**

**II Mehrere Wohlfahrtsbezirke können zu Mittelbezirken zusammengeschlossen werden.**

**III Die Bildung von Bezirken nach Abs. I und II, ihre Verwaltung und die Geschäftsverteilung regelt der Stadtrat.**

**IV Der Wohlfahrtsausschuß (Art. 1 Abs. I) kann in widerruflicher Weise zur Durchführung der Fürsorge ehrenamtliche Pfleger aufstellen. Das nähere regelt der Stadtrat.**

1. Vorbild: Art. 27 Arm. G. (Armenbezirke, Bezirkspflegeausschüsse).

Prakt. Vorbilder: Organisation in den Städten München und Nürnberg. Vgl. auch Nachrichtendienst des deutschen Vereins für öffentliche und private Fürsorge 1924 S. 63.

2. In größeren Städten kann die Fürsorge nicht von einem Wohlfahrtsausschuß allein erledigt werden. Die Bildung von äußeren Wohlfahrtsbezirken, gegebenenfalls die Zusammenfassung mehrerer äußerer Wohlfahrtsbezirke in Mittelbezirke, kann hier notwendig sein.

Die Einrichtung und Rechtsstellung der Wohlfahrtsbezirke, ihre Aufgabenverteilung, ihre Zuständigkeit und ihre Verwaltung regelt ausschließlich der Stadtrat. Auch diese organisatorischen Fragen werden, wenn auch Regelung durch Satzung — entgegen dem Vorentwurf — nicht vorgeschrieben ist, von der Stadt zweckmäßig durch Satzung geregelt werden.

3. Bei den Wohlfahrtsbezirken und Mittelbezirken können Ausschüsse und Unterausschüsse gebildet werden, ihre Entscheidung hat jedoch immer nur die Rechtsbedeutung einer Vorentscheidung. Die Entscheidung ist an den Spruchausschuß (Art. 3) in Einzelfürsorgefällen einspruchsfähig. Erst mit der Entscheidung des Spruchausschusses liegt eine endgültige Entscheidung des gesetzlichen Vertreters des BFV. vor.

Für die Zusammensetzung der Ausschüsse in den Wohlfahrtsbezirken werden die Bestimmungen über die Zusammensetzung des Wohlfahrtsausschusses und des Spruchausschusses (Art. 1 und 3) sinngemäß anzuwenden sein.

4. Nach der Bestimmung des Art. 2 ist es nicht zulässig, bei allen Wohlfahrtsbezirken oder Mittelbezirken eigene Spruchausschüsse im Sinne des Art. 3 für die Einzelfürsorge zu bilden. Denn Art. 3 Abs. I erwähnt — mit Absicht — nur den Art. 1 Abs. I (nicht Art. 2), es würde jede Einheitlichkeit in der Fürsorge innerhalb des Stadtbezirks verloren gehen, wenn nicht ein einziger Spruchausschuß für alle Wohlfahrtsbezirke die letzte Entscheidung zu fällen hätte.

Über die Stellung des Spruchausschusses bei Bestehen von Wohlfahrtsbezirken s. Art. 3 Anm. 2.

5. Wegen der Beiziehung von Vertretern der Wohlfahrtsbezirke in den Wohlfahrtshauptausschuß s. Art. 1 Abs. 2 Buchst. g.

6. Durch die Fassung des Abs. IV ist die allgemeine Zulässigkeit der Bestellung von Pflegern als Hilfsorgane der öffentlichen Fürsorge zum Ausdruck gebracht.

Ehrenamtliche Pfleger können aus allen Kreisen der Bevölkerung, namentlich auch aus denen der Fürsorgebedürftigen selbst, entnommen werden. Voraussetzung der Berufungsfähigkeit: Art. 11.

## Art. 3.

I Bei den Wohlfahrtsausschüssen nach Art. 1 Abs. I ist zur Verbescheidung von Anträgen auf Leistungen des Fürsorgeverbandes ein Spruchausschuß zu bilden. Der Spruchausschuß besteht aus einem Vorsitzenden und nach Bestimmung des Stadtrates aus 3 oder 6 Beisitzern, die den Gruppen der Stadtratsmitglieder, der Vertreter der Verbände der freien Wohlfahrtspflege und der Vertreter der Hilfsbedürftigen (Art. 1 Abs. II f) in gleicher Zahl zu entnehmen sind. In Angelegenheiten der Kriegsbeschädigten- und Kriegshinterbliebenenfürsorge müssen die Vertreter der Hilfsbedürftigen Vertreter der Kriegsbeschädigten und Kriegshinterbliebenen sein. Die Mitglieder des Spruchausschusses und die erforderliche Zahl von Stellvertretern beruft der Wohlfahrtsausschuß für die Dauer seiner Wahlzeit aus seiner Mitte.

II Der Wohlfahrtsausschuß kann bestimmen, daß der Vorsitzende des Spruchausschusses oder ein Beamter der Stadt über Anträge allein entscheidet. Gegen dessen Entscheidung steht den Beteiligten binnen 14 Tagen, von der Zustellung des Bescheides an gerechnet, der Einspruch zum Spruchausschuß zu. Auf das Einspruchsrecht ist im Bescheid hinzuweisen. Der Vorsitzende oder Beamte kann vorweg die Entscheidung des Spruchausschusses herbeiführen.

III Für die Behandlung von sonstigen Einzelgebieten der öffentlichen Fürsorge können weitere Ausschüsse berufen werden. Das Nähere bestimmt der Wohlfahrtsausschuß.

1. Rechtsstellung des Spruchausschusses im allgemeinen:

Der Spruchausschuß vertritt in Abweichung von Art. 12 den BFV. in allen Angelegenheiten, in denen es sich um „Verbescheidung von Anträgen auf Leistungen des Fürsorgeverbandes" handelt. Hierher gehören:

1. Verbescheidung von Anträgen der Hilfsbedürftigen auf Fürsorgeleistungen, vgl. bisher Arm. G. Art. 32 Abs. I. Anerkennung oder Ablehnung der Pflicht zur Leistung öffentlicher Fürsorge und Beschlußfassung über Voraussetzung, Art und Maß, vgl. Art. 52 I Arm. G.

2. Verbescheidung von Anträgen von Fürsorgeverbänden auf Kostenersatz, übernahme, übergabe vgl. bisher Arm. G. Art. 31.

Der Verbescheidung von Anträgen auswärtiger Fürsorgeverbände auf Kostenersatz wird der Fall gleich zu behandeln sein, in denen der eigene Fürsorgeverband Kostenersatz, übernahme oder übergabe von auswärtigen Fürsorgeverbänden beansprucht. Wenn auch der Wortlaut des Art. 3 und 12 dies nicht ausspricht, wird bei der Gleichheit des Grundes eine andere Auslegung nicht möglich sein. Ebenso ist der Spruchausschuß zur Beschwerdeführung im Verwaltungsstreitverfahren legitimiert, ihm sind auch die Bescheide zuzustellen. Die Zustellung wird also lauten: An den Bezirksfürsorgeverband, z. H. des Vorsitzenden des Spruchausschusses.

Der Spruchausschuß erscheint sonach als gesetzlicher Vertreter des BFV. auf dem Gebiete der Einzelfürsorge. Im übrigen spricht die Vermutung für die Zuständigkeit des Wohlfahrtsausschusses.

Eine Befugnis des Wohlfahrtsausschusses, bindende Anordnungen an den Spruchausschuß zu erteilen, besteht nur für allgemeine, eine Vielheit von Fürsorgefällen umfassende Weisungen, nicht für konkrete Einzelfürsorgefälle. Der Hauptausschuß ist nicht befugt, Einzelentscheidungen des Spruchausschusses an sich zu ziehen oder aufzuheben. Auch besteht in Einzelfürsorgefällen für den Wohlfahrtsausschuß und ebenso für den Stadtrat keine Möglichkeit, die Entscheidung des Spruchausschusses abzuändern.

Die Verbescheidung durch den Spruchausschuß bindet die Stadt als BFV.; sie ist für die Stadt endgültige bindende Erklärung.

Gegen die Verbescheidung durch den Spruchausschuß ist für den Hilfsbedürftigen die Anrufung der allgemeinen Staatsaufsicht zulässig; sie geht im allgemeinen an die Regierung, K. d. J.; vgl. für das Armenrecht Art. 8 Abs. II BAB. mit Art. 70 Arm. G., für das Gebiet der Kb.- und Kh.-Fürsorge vgl. Art. 10 Anm.

Handelt es sich um einen Kostenersatz-, übernahme- oder übergabestreit zwischen Fürsorgeverbänden, so gibt der Spruchausschuß die für die Stadt als BFV. bindende Parteierklärung ab; hiergegen ist Antrag auf behördliche Entscheidung zulässig nach Maßgabe des Art. 8 Abs. II BAB. Danach ist für Armenfürsorgeersatzstreitigkeiten das Verwaltungsstreitverfahren (Art. 72 ff. Arm. G., Art. 10 Ziff. 5 und 6 Verwaltungsgerichtsgesetz) zugelassen; zur Frage, ob dieses Verwaltungsstreitverfahren auf der Grundlage des § 29 RFV. und des Art. 8 Abs. II BAB. auch für Verbandsstreitigkeiten auf dem Gebiet der Sonderfürsorge gilt, liegt eine Entscheidung des Verwaltungsgerichtshofs noch nicht vor; siehe hierüber bayer. Gem. BZ. 1924 Sp. 265 und 465.

2. Rechtsstellung des Spruchausschusses bei Bildung von Wohlfahrtsbezirken (Art. 2) und Unterausschüssen (Art. 3 Abs. III):

Der eine Spruchausschuß ist für die Stadt die letzte Instanz, gegen die es nur die Beschwerde an die Regierung, Kammer des Innern, gibt. Die Stadt kann bei ihren Wohlfahrtsbezirken und bei deren Unterbezirken sowie bei den Mittelbezirken besondere Unterausschüsse bilden und damit mehrere vorentscheidende Stellen in den Instanzenzug einfügen. Diesen Unterausschüssen kann jedoch in Fragen der Einzelfürsorge im Sinne des Art. 3, für die sie praktisch wohl nur in Betracht kommen werden, ein Recht zur Entscheidung insbesondere zur Bewilligung oder Ablehnung von Fürsorgeleistungen gegenüber dem Hilfsbedürftigen nur vorbehaltlich der auf Einspruch zu erholenden endgültigen Entscheidung des Spruchausschusses eingeräumt werden; die Delegation des Spruchausschusses auf diese Unterausschüsse kann daher nicht unter Ausschluß der eigenen Zuständigkeit des Spruchausschusses erfolgen; die in Art. 33 Abs. II Ziff. 1 und 3 Arm. Ges. ausgesprochenen Grundsätze gelten auch ohne ausdrückliche Gesetzesbestimmung für die Unterausschüsse der Verw. VO.; auf die Zulässigkeit des Einspruchs an den Spruchausschuß, oder soweit der Stadtrat weitere Zwischeninstanzen einfügt, des Einspruchs zunächst an diese, ist stets im Bescheid hinzuweisen (Art. 3 Abs. II Satz 3). Erst mit der Entscheidung des Spruchausschusses oder mit dem nichtangefochtenen Bescheid des Unterausschusses wird der BFV. berechtigt oder verpflichtet; eine aufsichtliche Beschwerde des Hilfsbedürftigen ist nur gegen Entscheidungen des Spruchausschusses, nicht aber irgendwelcher Unterausschüsse zulässig. Ein Einspruchsrecht des Vorsitzenden eines Unterausschusses gegen die Beschlußausführung — ähnlich wie im Art. 33 Abs. II Ziff. 2 Arm. Ges. und Ziff. 6 und I. Nachtrag zu den Richtlinien für die Durchführung der VO. vom 8. 2. 1919 (s. RAM. Erl. vom 4. 8. 1922, Mitteilungen der LHFSt. 4. Jahrgang Nr. 4 S. 10) — wird der Stadtrat bei der Regelung der Obliegenheiten des Unterausschusses festsetzen können mit der Wirkung, daß beim Vorliegen des Einspruchs der BBV. ohne eine Entscheidung des Spruchausschusses noch nicht berechtigt oder verpflichtet wird.

3. Die Bezeichnung „Spruchausschuß" entspricht nicht dem Sprachgebrauch anderer Gesetze, auch nicht dem Wesen der Sache. Es handelt sich bei der Verbescheidung der Anträge Hilfsbedürftiger nicht um eine in einem gerichtlichen Verfahren zu fällende Entscheidung, auch nicht um einen erzwingbaren Rechtsanspruch des Fürsorgebedürftigen, wie etwa im Verfahren nach der RVO. § 1636, oder nach dem Gesetz über das Verfahren in Versorgungssachen vom 10. 1. 22 § 2 („Spruchbehörden"), (RGBl. S. 59) sondern um eine nach freiem Verwaltungsermessen unter dem Grundsatz der individuellen Fürsorge erfolgende Bewilligung oder Ablehnung von Fürsorgeleistungen. Bei der Beschlußfassung über Ersatzansprüche anderer Fürsorgeverbände handelt es sich gleichfalls nicht um eine behördliche Entscheidung, sondern um eine Parteierklärung des BFV.

a) Statt Spruchausschuß: Entscheidung im Büroweg s. Abs. II.

b) Weitere Ausschüsse neben dem Spruchausschuß und unabhängig von seinem Arbeitsgebiet, z. B. für Anstaltsverwaltung s. Abs. III.

4. Zusammensetzung. Es ist in das Ermessen des Stadtrats gestellt, ob von den Gruppen der Stadtratsmitglieder, der Vertreter der freien Wohlfahrtspflege und der Vertreter der Hilfsbedürftigen je 1 oder je 2 Beisitzer berufen werden wollen, bindend aber

ist die Vorschrift, von jeder Gruppe stets die gleiche Zahl zu berufen. Bindend ist also auch die Gesamtzahl 4 oder 7.

Auch der Vorsitzende des Spruchausschusses wird vom Stadtrat berufen; er braucht nicht gleichzeitig der Vorsitzende des Wohlfahrtsausschusses zu sein. (Andere Regelung im Falle des Art. 5.)

5. Da die Zahl der Mitglieder des Spruchausschusses beschränkt ist, können nicht alle an sich in Betracht kommenden Vereinigungen und Verbände vertreten sein. Die Beiziehung als stellvertretende Mitglieder kann hier Aushilfe schaffen, um auch kleineren Vereinigungen eine Vertretung zu ermöglichen.

Das Mitglied wird nur für seine Person berufen, es wird nicht etwa der Verband vertreten; er kann sich nicht durch wechselnde Personen vertreten lassen.

Vertreter der Hilfsbedürftigen: in Kb.- und Kh.-Sachen: nur Kb. oder Kh.; in anderen, auch Armensachen: Kb., Kh., Sozial- oder Kleinrentner; in Sachen der Klein- und Sozialrentner: regelmäßig diese.

Allen Mitgliedern des Spruchausschusses muß das Einsichtsrecht in die Akten über die zur Beschlußfassung stehenden Einzelfürsorgefälle gewährt werden. Wegen der Pflicht zur Amtsverschwiegenheit s. Art. 11 Abs. III.

## Art. 4.

I Die Geschäfte des Bezirkes als Bezirksfürsorgeverband verwaltet das Bezirksamt mit dem Bezirksfürsorgeausschuß.

II Der Bezirksfürsorgeausschuß besteht aus

a) dem Vorstande des Bezirksamts oder einem seiner Stellvertreter als Vorsitzenden,

b) dem Bezirksarzt,

c) Mitgliedern des Bezirkstages,

d) je einem Geistlichen der katholischen Kirche, der evangelisch-lutherischen Landeskirche rechts des Rheins, der reformierten Kirche, in der Pfalz der protestantischen pfälzischen Landeskirche, insoweit im Bezirke Kirchengemeinden des Bekenntnisses bestehen,

e) Vertretern der im Bezirk tätigen Verbände der freien Wohlfahrtspflege wenigstens in der Hälfte der Zahl der Mitglieder nach c),

f) Vertretern aus den Kreisen der Kriegsbeschädigten und Kriegshinterbliebenen, der Sozialrentner und Kleinrentner wenigstens in der Hälfte der Zahl der Mitglieder nach c), von denen wenigstens die Hälfte den Kriegsbeschädigten und Kriegshinterbliebenen zu entnehmen sind.

III Der Bezirkstag bestimmt die Zahl der aus seiner Mitte

abzuordnenden Mitglieder und beruft sie und ebensoviele Stellvertreter für die Dauer seiner Wahlzeit.

IV Die Geistlichen und ihre Stellvertreter ordnet für die Dauer der Wahlzeit die kirchliche Oberbehörde ab. Die Zahl der Vertreter der Verbände der freien Wohlfahrtspflege und der Vertreter der Hilfsbedürftigen (Abs. II f) bestimmt der Bezirkstag; er beruft sie und ebensoviele Stellvertreter für die Dauer seiner Wahlzeit; Art. 1 Abs. V Satz 2 mit 7 und VI gilt entsprechend.

1. Über die Gründe zur Schaffung eines **Sonderorgans** des BFV., die Aufstellung bindender Vorschriften über seine Zusammensetzung, endlich die Rechtsstellung im Verhältnis zum allgemein gesetzlichen Vertreter (Bezirkstag, Bezirksausschuß) vgl. oben Art. 1 Anm. 1, 2, 6 ferner Art. 12 mit Anmerkungen.

Neben dem Bezirksfürsorgeausschuß ist das Bezirksamt als Verwalter des BFV. genannt; diese Verwaltung ist lediglich auf die Führung der laufenden Geschäfte, nicht aber auf die gesetzliche Vertretung des BFV. zu beziehen. Vgl. indes wegen der Vertretungsbefugnis mit Wirkung **nach außen** auch die Ausführungen zu Art. 8 Anm. 5c.

Über das Verhältnis zwischen Bezirksfürsorgeausschuß und Spruchausschuß gelten die Ausführungen zu Art. 3 Anm. 1 entsprechend.

2. Die Zusammensetzung des Bezirksfürsorgeausschusses ist jener des Wohlfahrtsausschusses (Art. 1) nachgebildet.

**Vorsitzender** ist der Vorstand des Bezirksamts oder einer seiner Stellvertreter. Anregungen aus Kreisen der Bezirksvertreter, den Vorsitzenden des Bezirksausschusses (Art. 18 des Selbstverwaltungsgesetzes) mit dem Vorsitz zu betrauen, wurde mit Rücksicht auf die Führung der laufenden Fürsorgegeschäfte durch das Bezirksamt nicht entsprochen. S. hiezu auch Einleitung S. 51.

Über den **stellvertretenden** Vorsitzenden bestimmt die Verordnung nichts Ausdrückliches, obwohl sie im Art. 5 für den Spruchausschuß den Stellvertreter ausdrücklich benennt. Es muß als der Wille des Gesetzgebers angenommen werden, daß ein Stellvertreter des Bezirksamtsvorstandes zum stellvertretenden Vorsitzenden berufen wird, nicht etwa dritte Personen. Es handelt sich lediglich um eine Ungenauigkeit der Fassung.

Die Beiziehung der Sachbearbeiter oder von Auskunftspersonen zu den Sitzungen des Bezirksfürsorgeausschusses mit **beratender** Stimme ist zulässig. Wichtig ist insbesondere, auf diese Weise die **Bezirksfürsorgerin** zu den Sitzungen mit beratender Stimme heranzuziehen. Über die Mitarbeit der Bezirksfürsorgerinnen, insbes. in der Kb.- und Kh.-Fürsorge s. Entschl. der Staatsmin. des Innern und für Soz. Fürs. vom 20. 11. 19 (Mitt. der LHFSt. 1. Jahrg. Nr. 2) und Entschl. d. LHFSt. vom 31. 12. 24 Nr. I c 11.

Wegen der Berufung auswärts wohnender Mitglieder gilt das zu Art. 1 Anm. 12 Ausgeführte.

3. Ein Antrag des bayerischen Städtebundes, für mittelbare Städte von größerer Bedeutung auf dem Gebiete des Fürsorgewesens die rechtliche Möglichkeit des Ausscheidens aus dem Bezirksfürsorgeverbande und der Erklärung zu einem selbständigen Fürsorgeverbande zu schaffen, konnte in der Verordnung über die Verwaltung der Fürsorgeverbände noch nicht erledigt werden. Er wird künftig bei der Neuregelung der Bestimmungen in Art. 3 BAB. zu behandeln sein. Über Wohlfahrtsbezirke s. Art. 5 Anm. 2.

4. Die Sachbedürfnisse (Regie) werden wohl vom Bezirksamt zu tragen sein, dem die laufende Geschäftsführung zusteht.

5. In Abs. II Buchst. d sind die israelitischen Kultusgemeinden im Hinblick auf die geringe Zahl von Israeliten in den Bezirken nicht ausdrücklich aufgeführt.

## Art. 5.

I Beim Bezirksfürsorgeausschuß ist zur Verbescheidung von Anträgen auf Leistungen des Fürsorgeverbandes ein Spruchausschuß zu bilden. Der Spruchausschuß besteht aus dem Vorsitzenden des Bezirksfürsorgeausschusses oder dessen Stellvertreter, ferner nach Bestimmung des Bezirkstages aus 3 oder 6 Beisitzern, die den Gruppen der Bezirkstagsmitglieder, der Vertreter der Verbände der freien Wohlfahrtspflege und der Vertreter der Hilfsbedürftigen (Art. 4 Abs. II f) in gleicher Zahl zu entnehmen sind. In Angelegenheiten der Kriegsbeschädigten- und Kriegshinterbliebenenfürsorge müssen die Vertreter der Hilfsbedürftigen Vertreter der Kriegsbeschädigten und Kriegshinterbliebenen sein. Die Beisitzer des Spruchausschusses und die erforderliche Zahl von Stellvertretern beruft der Bezirksfürsorgeausschuß für die Dauer seiner Wahlzeit aus seiner Mitte.

II Der Bezirksfürsorgeausschuß kann die Entscheidung über Anträge dem Vorsitzenden allein übertragen. Gegen dessen Entscheidung steht den Beteiligten binnen 14 Tagen, von der Zustellung an gerechnet, der Einspruch zum Spruchausschuß zu. Auf das Einspruchsrecht ist im Bescheid hinzuweisen. Der Vorsitzende kann vorweg die Entscheidung des Spruchausschusses herbeiführen.

III Für die Behandlung von sonstigen Einzelgebieten der öffentlichen Fürsorge können weitere Ausschüsse berufen werden. Das Nähere bestimmt der Bezirksfürsorgeausschuß.

1. Die Bestimmungen entsprechen dem Art. 3. Für die Rechtsstellung des Spruchausschusses gelten auch hier die oben gegebenen Ausführungen entsprechend, doch ist hier im Gegensatz zu Art. 3 Abs. I Satz 3 kraft Gesetzes der Vorsitzende des Bezirksfürsorgeaus-

schusses, d. i. der Bezirksamtsvorstand oder einer seiner Stellvertreter, Vorsitzender des Spruchausschusses.

Die Gesamtzahl der Mitglieder des Spruchausschusses kann nur entweder 4 oder 7 betragen.

Wegen Beiziehung mit beratender Stimme, z. B. der Bezirksfürsorgerin s. oben Art. 4 Anm. 2.

2. Die Bildung eigener Wohlfahrtsbezirke innerhalb des Bezirkes ist nicht vorgesehen. Mittelbare Städte können daher keine eigenen Wohlfahrtsbezirke weder mit eigenen Spruchausschüssen noch mit eigenen Bezirksfürsorgeausschüssen bilden, s. auch Art. 4 Anm. 3.

## Art. 6.

**I Die Aufgaben der amtlichen Fürsorgestellen (§ 9 der RV. über die soziale Kriegsbeschädigten- und Kriegshinterbliebenen-Fürsorge vom 8. 2. 1919 in der Fassung des § 34 RFV.) werden, soweit es sich um Aufgaben nach der RFV. handelt, den Verwaltungsorganen der Bezirksfürsorgeverbände (Art. 1 bis 5) übertragen. Ihre sonstigen Aufgaben gehen auf die Bezirksverwaltungsbehörden über.**

**II Die Spruchausschüsse (Art. 3 und 5) sind Beiräte im Sinne der RV. vom 8. 2. 1919.**

1. Durch diese Bestimmung werden die amtlichen Fürsorgestellen für Kb.- und Kh.-Fürsorge, bisher den Bezirksverwaltungsbehörden angegliedert, nunmehr diesen Behörden völlig eingegliedert und damit in den Aufgabenbereich der inneren Verwaltung übernommen. Die reichsrechtliche Grundlage hierfür bietet § 10 der VO. v. 8. 2. 1919 i. d. F. des § 34 RFV. und der § 27 des Schwerbeschädigtengesetzes i. d. F. des § 33 RFV.

Die Kreishauptfürsorgestellen und die Landeshauptfürsorgestelle sind aufrechterhalten geblieben (siehe Art. 10).

2. Zu unterscheiden sind

a) die Aufgaben, die die amtlichen Fürsorgestellen auf dem Gebiet der Kb.- und Kh.-Fürsorge gemäß §§ 18—32 der Reichsgrundsätze (abgedr. oben S. 28) zu erfüllen haben; diese Aufgaben der Fürsorgestellen sind reichsrechtlich bereits durch die RFV. auf die durch sie geschaffenen Fürsorgeverbände übertragen worden. Es konnte sich nur darum handeln, für die Ausführung d. h. die geschäftsmäßige Durchführung dieser Aufgaben, die notwendigen Organe zu schaffen. Hier war es zur Vermeidung einer Zersplitterung notwendig, die allgemeinen Verwaltungsorgane der BFV., also die Wohlfahrtsausschüsse (Bezirksfürsorgeausschüsse) und deren Spruchausschüsse mit der Durchführung auch der Aufgaben der Kb.- und Kh.-Fürsorge zu betrauen; die Spruchausschüsse wurden jedoch für diese Aufgaben im Vollzug des § 10 Satz 1 der VO. v. 8. 2. 1919 i. d. F. des § 34 RFV. besonders zusammengesetzt (Art. 3 Abs. I Satz 3 und Art. 5 Abs. I Satz 3).

Ähnlich wie im Art. 6 für die Fürsorgestellen geschehen, hat auch Preußen im § 10 der Ausf. VO. v. 17. 4. 24, 20. 6. 24 zur RFV.

die Aufgaben der Fürsorgestellen und Hauptfürsorgestelle auf die Verwaltungsorgane der Bezirksfürsorgeverbände und Landesfürsorgeverbände übertragen.

b) Die „sonstigen Aufgaben" der Fürsorgestellen, d. h. die außerhalb der RFV. den Fürsorgestellen obliegenden Aufgaben, insbesondere die Mitwirkung im Versorgungswesen, (Zusatzrenten — Kapitalabfindung — Beamtenscheinangelegenheiten usw.) und im Vollzug des Schwerbeschädigtengesetzes (§ 27 Schwerbeschädigtenges. i. d. F. des § 33 RFV.), gehen nach Abs. I Satz 2 auf die Bezirksverwaltungsbehörden über. Es handelt sich hier vorwiegend um Aufgaben, die nicht den BFV. als Trägern der Fürsorge obliegen, sondern um eine staatliche Verwaltungstätigkeit, um behördliche Aufgaben der Fürsorgestellen, weshalb diese Aufgaben nicht etwa den Verwaltungsorganen der Fürsorgeverbände, vielmehr den allgemeinen Außenstellen der inneren Verwaltung, also den Bezirksverwaltungsbehörden zu übertragen waren; dies sind die Bezirksämter und die unmittelbaren Stadträte (Art. 96 und 94 Gem. O.).

3. Mit der Eingliederung der Fürsorgestellen werden die für sie einschlägigen Bestimmungen der §§ 3, 7, 8, 9 und 12 der Bayer. VO. vom 16. 3. 21 über die soziale Kb.- und Kh.-Fürsorge (GVBl. S. 99) überholt. Insbesondere sind damit auch die gemeinschaftlichen Fürsorgestellen (§ 8 der VO. vom 21. 3. 21) mit dem Tage des Inkrafttretens der Verw. VO. (Art. 15), als aufgelöst zu betrachten. Gesamtfürsorgeverbände s. Art. 4 BAV. (oben S. 45).

4. Siehe im übrigen über das Rechtsverhältnis zu den Kreishauptfürsorgestellen Art. 10.

5. Die Spruchausschüsse (Abs. II) sind an die Stelle der Beiräte nach der VO. v. 8. 2. 19 (§ 9 verbunden mit § 6) getreten.

Die Zweifelsfragen, die sich aus der Zuständigkeitsabgrenzung zwischen Wohlfahrtsausschüssen (Bezirksfürsorgeausschüssen) und Spruchausschüssen ergeben, bestehen auch hier. Je nachdem man die reichsrechtliche Aufgabenzuteilung an die Beiräte oder die landesrechtliche Zuständigkeitsabgrenzung der Spruchausschüsse bei der Auslegung in den Vordergrund stellt, werden die Fragen verschieden gelöst werden; auch hier werden in der Übergangszeit bis zur gesetzlichen Regelung Erfahrungen gesammelt werden müssen, um bei der endgültigen Regelung eine dem praktischen Bedürfnis entsprechende Lösung klar vorzuschreiben.

## Art. 7.

I Die Geschäfte des Ortsfürsorgeverbandes verwaltet der Ortsfürsorgeausschuß.

II Er besteht aus

a) den Bürgermeistern der Gemeinde,
b) weiteren Mitgliedern des Stadt- oder Gemeinderates,
c) den Pfarrern der Pfarreien, zu deren Sprengeln der Ortsfürsorgeverband gehört,

d) dem Rabbiner, wenn ein solcher im Ortsfürsorgeverband seinen Sitz hat, anderenfalls aus einem abgeordneten Mitglied der israelitischen Kultusverwaltung (in der Pfalz des Synagogenausschusses), wenn eine solche in der Gemeinde besteht,

e) dem Bezirksarzt, wenn er im Ortsfürsorgeverband seinen Sitz hat,

f) weiteren gewählten Mitgliedern.

III Der Stadtrat (Gemeinderat) bestimmt die Zahl der Mitglieder nach Abs. II b und ordnet sie und ebensoviele Stellvertreter für die Dauer seiner Wahlzeit ab. Er bestimmt die Zahl der Mitglieder nach Abs. II f und wählt sie und ebensoviele Stellvertreter für die Dauer seiner Wahlzeit. Hierbei ist darauf zu achten, daß auch Personen aus den Kreisen der freien Wohlfahrtspflege beigezogen werden.

IV Die Stellvertreter im Pfarramt, ferner die mit vollen pfarrlichen Rechten ausgestatteten Seelsorgegeistlichen stehen den Pfarrern gleich. In Gemeinden, die ganz oder teilweise zu einem Seelsorgebezirk gehören, für den ein eigener Geistlicher bestellt ist, kann die Staatsaufsichtsbehörde diesen auf Antrag des Pfarrers an dessen Stelle in widerruflicher Weise als selbständiges Mitglied des Ortsfürsorgeausschusses bestimmen. Er steht dann im Ortsfürsorgeausschuß dem Pfarrer gleich. Seine Geschäftsführung unterliegt jedoch der Aufsicht des Pfarrers. Sind in einer protestantischen Pfarrei mehrere Pfarrer angestellt, so ist der 1. (in der Pfalz der mit höherer Amtswürde, bei gleicher Amtswürde mit höherem Dienstalter) zum Mitglied des Ortsfürsorgeausschusses berufen. Eine andere Regelung durch die beteiligten Pfarrer ist zulässig.

V Den Vorsitz führt in den Gemeinden mit vormals städtischer Verfassung und in den Gemeinden mit pfälzischer Gemeindeverfassung der Bürgermeister, von mehreren der erste; in andern Gemeinden der Pfarrer, von mehreren Pfarrern der Pfarrer des überwiegenden Bekenntnisses, dessen Pfarrei die meisten Angehörigen dieses Bekenntnisses im Ortsfürsorgeverband umfaßt; eine andere Vereinbarung unter den Pfarrern bleibt vorbehalten. Den Stellvertreter des Vorsitzenden bestimmt der Ortsfürsorgeausschuß aus seiner Mitte.

1. Ortsfürsorgeverbände sind nach Art 3 Abs. II BAB. (abgedr. oben S. 45) die mittelbaren Gemeinden und zwar für das Gebiet der Armenfürsorge und der Fürsorge für hilfsbedürftige Minderjährige;

sie haben im Sinne der RFV. die Rechtsstellung von BFV. Die Ortsfürsorgeverbände, deren Rechtspersönlichkeit identisch mit jener der Gemeinden ist, sind an die Stelle der Ortsarmenverbände getreten. Wegen der Überleitung der Ortsarmenverbände in die Ortsfürsorgeverbände vgl. Heß Gem. V.Z. 1924 Sp. 548 ff., insbes. 550.

2. Die Frage, ob künftig Ortsfürsorgeverbände und Bezirksfürsorgeverbände mit ihrer bisherigen Zuständigkeitsabgrenzung nebeneinander erhalten bleiben sollen, oder, ob und in wieweit eine Vereinigung der Verbände oder doch eine gewisse Zusammenfassung der Aufgaben, z. B. zur Vermeidung von verwaltungsrechtlichen Ersatzstreitigkeiten zwischen OFV. und BFV. oder zur Verminderung der Zahl der prozeßberechtigten Fürsorgeverbände möglich und zweckmäßig ist, wird das Ausführungsgesetz zu entscheiden haben. Wie auch diese Entscheidung fallen mag, notwendig ist und bleibt auf alle Fälle die Mitarbeit der seither in der Armenfürsorge und in den Gemeinden tätigen Kräfte.

3. In den Ortsfürsorgeverbänden tritt nach der Verw. VO. v. 12. 1. 25 an die Stelle des Armenrats der Ortsfürsorgeausschuß. In sämtlichen mittelbaren Gemeinden ist daher sofort ein Ortsfürsorgeausschuß zu bilden.

Der neugebildete Ortsfürsorgeausschuß wird zunächst sofort die Geschäfte zu erledigen haben, die seit dem 1. 1. 25 angefallen sind. Für die Zeit vom 1. 1. 25 bis 13. 1. 25 fehlte es an einem gesetzlichen Vertreter des OFV., vgl. hierüber Art. 15 Anm. 2.

4. Die Zusammensetzung des Ortsfürsorgeausschusses ist im wesentlichen derjenigen des Armenrates (Art. 22 Arm. Ges.) mit den sich aus dem Selbstverwaltungsgesetz ergebenden Änderungen nachgebildet. (Vgl. daher im einzelnen Pöll UWG.) Insbesondere ist auch der Vorsitz im Sinne des Art. 22 Arm. Ges. geregelt; hinsichtlich der Anregungen des Verbands der Landgemeinden, dem Bürgermeister den Vorsitz zu übertragen, konnte bei der grundsätzlichen Bedeutung der Frage dem endgültigen Ausführungsgesetz nicht vorgegriffen werden.

Zu Abs. II Buchst. c ist die Bestimmung des Art. 22 Abs. III Arm. Ges. nicht übernommen, weil für die OFV. ohne praktische Bedeutung.

Art. 7 Abs. IV Verw. VO. entspricht der Bestimmung des Art. 23 und 24 Arm. Ges., jedoch mit den Änderungen, die sich aus dem Wegfall der Bestimmungen über stimmberechtigte und beratende Teilnahme der Pfarrer (Art. 22 III Arm. Ges.) ergeben.

Die Bestimmung in Art. 22 Abs. IV (Frauen als Mitglieder) ist nicht mehr besonders aufgenommen; doch ist es durchaus zweckmäßig, unter den nach Abs. II Buchst. f aufgeführten „weiteren gewählten Mitgliedern" auch Frauen zu wählen.

5. Der Ortsfürsorgeausschuß ist Verwaltungsorgan (gesetzl. Vertreter) des Ortsfürsorgeverbands; dem Gemeinderat steht keinerlei gesetzliche Vertretung des OFV. zu. Ein besonderer Spruchausschuß besteht für den Ortsfürsorgeverband nicht; der Ortsfürsorgeausschuß vereinigt in sich die Rechtsstellung sowohl des Wohlfahrtsausschusses (Art. 1) als auch des Spruchausschusses (Art. 3) s. Art. 1 Anm. 2 und Art. 3 Anm. 1, insbesondere Art. 13.

Vorbemerkung zu Art. 8—10.

Art. 8, 9, 10 müssen wegen ihres Zusammenhanges gemeinsam betrachtet werden. Die Gründe, die zunächst äußerer Anlaß für den Erlaß der Verw. VO. waren, (Vermeidung der Armenratswahlen) kommen hier nicht in Betracht; zweckmäßig aber war es, mit der Regelung der Verwaltungsorgane der Bezirksfürsorgeverbände auch jene der Landesfürsorgeverbände zu ordnen.

Nach Art. 2 und 6 BAB. (abgedr. oben S. 45) obliegen dem Landesfürsorgeverband Kreis die dort bezeichneten Aufgaben der Anstaltsfürsorge, der Fürsorge für Landfürsorgebedürftige, Auslandsdeutsche, Ausländer. Nach Art. 2 und 7 BAB., (abgedruckt oben S. 45 ff.) ist für gewisse allgemeine Aufgaben und insbesondere Aufgaben auf dem Gebiet der Kb.- und Kh.-Fürsorge auch der Staat als Landesfürsorgeverband erklärt. Ein organischer Zusammenhang zwischen Landesfürsorgeverband Staat und den Landesfürsorgeverbänden der Kreise wurde in der BAB. nicht hergestellt; das Ausführungsgesetz wird zu entscheiden haben, ob etwa e i n Landesfürsorgeverband für das ganze Staatsgebiet mit 8 Zweigverbänden je für jeden Kreis zu bilden ist. In den bisherigen Bestimmungen ist auch eigener und übertragener Wirkungskreis der Landesfürsorgeverbände der Kreise nicht geschieden. Auch hier bleibt die Regelung dem Gesetz vorbehalten.

## Art. 8.

I Die Geschäfte des Kreises als Landesfürsorgeverband verwaltet der Kreisfürsorgeausschuß.

II Er besteht aus

a) dem Vorsitzenden,

b) dem Leiter der Kreishauptfürsorgestelle der Kriegsbeschädigten und Kriegshinterbliebenen, falls er nicht Vorsitzender ist,

c) Mitgliedern des Kreistags,

d) Vertretern der im Regierungsbezirk tätigen Verbände der freien Wohlfahrtspflege wenigstens in der Hälfte der Zahl der Mitglieder nach c),

e) Vertretern aus den Kreisen der Kriegsbeschädigten und Kriegshinterbliebenen, der Sozialrentner und Kleinrentner wenigstens in der Hälfte der Zahl der Mitglieder nach c), von denen wenigstens die Hälfte den Kriegsbeschädigten und Kriegshinterbliebenen zu entnehmen sind,

f) je einem Vertreter eines Wohlfahrtsausschusses und eines Bezirksfürsorgeausschusses (Art. 1 u. 5) der zum Kreise gehörigen Bezirksfürsorgeverbände.

III Der Vorsitzende und dessen Stellvertreter werden vom Ministerium des Innern und vom Ministerium für Soziale Fürsorge aus den höheren Beamten der inneren Verwaltung bestimmt.

IV Der Kreisausschuß bestimmt die Zahl der Kreistagsmitglieder und beruft sie und die Vertreter nach Abs. II f sowie ebensoviele Stellvertreter für die Dauer seiner Wahlzeit. Er bestimmt auch die Zahl der Vertreter der Verbände der freien Wohlfahrtspflege sowie der Vertreter der Hilfsbedürftigen (Abs. II e) und beruft sie und ebensoviele Stellvertreter für die Dauer seiner Wahlzeit. Die Vertreter der Kriegsbeschädigten und Kriegshinterbliebenen bringt der Beirat der Kreishauptfürsorgestelle für Kriegsbeschädigte und Kriegshinterbliebene in Vorschlag. Im übrigen gilt Art. 1 Abs. V Satz 2 mit 7 und VI entsprechend.

V Der Kreisfürsorgeausschuß kann für die Behandlung von Einzelgebieten der öffentlichen Fürsorge Ausschüsse bilden. Er kann die Verbescheidung von Anträgen auf Leistungen des Fürsorgeverbandes einem Ausschuß oder dem Vorsitzenden allein übertragen.

### Zu Absatz I.

1. Für die Schaffung eines eigenen Verwaltungsorgans (gesetzlichen Vertreters) des Kreises als LFV. neben dem allgemeinen Verwaltungsorgan (gesetzlichen Vertreter) des Kreises, dem Kreistag, (s. Art. 9 Gemeindewahlges.), sind die gleichen Erwägungen maßgebend, die zur Schaffung des Wohlfahrtsausschusses (neben dem Stadtrat) bei den unmittelbaren Städten geführt haben (s. Art. 1 Anm. 1).

2. Der Kreisfürsorgeausschuß tritt für das Gebiet der Armenfürsorge des LFV. Kreis, an die Stelle des Landarmenrats; er hat jedoch darüber hinaus die gesetzliche Vertretungsbefugnis des Kreises als LFV. auch für alle übrigen Aufgaben des Kreises auf dem Gebiet der öffentlichen Fürsorge (Art. 6 BAV.) und für alle Personenkreise, die nach § 1 Abs. I und II RFV. unter die öffentlichen sorge fallen.

3. Die Rechtstellung des Kreisfürsorgeausschusses entspricht wie diejenige des Ortsfürsorgeausschusses (Art. 7) der zusammengefaßten Rechtstellung von Wohlfahrtsausschuß (Bezirksfürsorgeausschuß) und Spruchausschuß zusammen, ein eigener Spruchausschuß besteht beim Kreisfürsorgeausschuß nicht.

Die Errichtung eines Spruchausschusses war deshalb nicht so sehr veranlaßt, weil gemäß Art. 6 BAV. keine unmittelbare Fürsorgepflicht des Kreises als LFV. gegenüber dem Hilfsbedürftigen besteht und daher auch nicht über Anträge der Hilfsbedürftigen, sondern nur (außer Art. 6 I c, d BAV.) der Fürsorgeverbände zu entscheiden ist.

Der Kreisfürsorgeausschuß ist der einzige und ausschließlich zuständige gesetzliche Vertreter des Kreises als LFV. (Art. 12.) Er hat die Tätigkeit des Landarmenrats mit zu übernehmen, ist aber darüber hinaus für die Angelegenheiten des Art. 6 VAV., auch soweit es sich um die Personenkreise der Kb. und Kh., Sozialrentner, Kleinrentner usw. handelt, als das zuständige Vertretungsorgan des LFV. zu erachten. Daran wird auch die Bestimmung des Art. 10 über die Aufrechterhaltung der Kreishauptfürsorgestellen nichts ändern, da sich diese Vorschrift nicht auf die Vertretung des Kreises als LFV. bezieht (s. Art. 10 Anm. 1a).

### Zu Absatz II—IV.

4. Die Zusammensetzung des Kreisfürsorgeausschusses ist unter Berücksichtigung der früheren Zusammensetzung des Landarmenrats und unter Beachtung der mit Rücksicht auf die erweiterte Tätigkeit des Kreisfürsorgeausschusses notwendigen Ergänzungen (vgl. besonders Abs. II Buchst. b, d, e) geregelt. Der Vorsitzende ist, wie beim Bezirksfürsorgeausschuß (Art. 4) nicht identisch mit dem Vorsitzenden des gesetzlichen Vertreters der Kreises als Selbstverwaltungskörper (Kreistag u. =ausschuß). Dies hat seine Berechtigung, schon aus finanziellen Gründen, in der nur beschränkt ausgebauten Selbstverwaltung der Kreise. Die Bestellung des Vorsitzenden durch die zuständigen Ministerien entspricht der Bestimmung des Art. 50 Abs. II Arm. G.

Den Medizinalreferenten der Regierung als Mitglied vorzusehen, wurde erwogen, jedoch mit Rücksicht auf seine Tätigkeit als amtlicher Gutachter auch im Streitverfahren und die sich daraus insbesondere unter Umständen für das Verwaltungsrechtsverfahren ergebenden rechtlichen Bedenken unterlassen.

Die Kreisfürsorgerin ist gleichfalls nicht Mitglied des Kreisfürsorgeausschusses; sie wird jedoch nicht nur in die nach Abs. V gebildeten Unterausschüsse beizuziehen, sondern beratend und begutachtend auch zu den Sitzungen des Kreisfürsorgeausschusses zu berufen sein.

Zu Abs. II Buchst. f: Diese neue Bestimmung ist wertvoll, um dem LFV. die Mitarbeit und die Erfahrungen der Bezirksfürsorgeverbände nutzbar zu machen.

Gegen die Hereinnahme von Vertretern der Wohlfahrtsausschüsse und Bezirksfürsorgeausschüsse in den Kreisfürsorgeausschuß wurden zwar rechtliche Bedenken laut wegen der möglichen Interessenkollision bei Streit zwischen dem LFV. und dem Bezirks=FV., dessen Vertreter im Kreisfürsorgeausschuß Mitglied ist; man wird jedoch mangels gegenteiliger gesetzlicher Bestimmung annehmen können, daß selbst in Angelegenheiten des eigenen Bezirks=FV. der aus dem dortigen Ausschuß berufene Vertreter stimmberechtigt ist, da er ja nur ein Mitglied des kollegialen Vertretungsorgans ist und da nicht etwa der Grundgedanke des Art. 103 Gem. O. zutrifft. Andernfalls hätte in Fällen solcher Interessenkollision das Mitglied sich in der einzelnen Frage der Mitwirkung im Kreisfürsorgeausschuß zu enthalten.

### Zu Absatz V.

5. a) Die Bestimmung spricht in Satz 1 von der Bildung von Ausschüssen für die Behandlung von Einzelgebieten der öffentlichen Fürsorge. Die Bildung der Ausschüsse ist also nicht auf Einzelfürsorgefälle beschränkt, sondern kann auch für allgemeine Angelegenheiten des LFV. erfolgen, z. B. für Anstaltsfragen, für die Behandlung der Zuschüsse an leistungsunfähige BFV. usw. Die Bestimmung ist dem Wortlaut des Art. 3 Abs. III und Art. 5 Abs. III nachgebildet.

b) Der Satz 2 entspricht mit den Worten „Verbescheidung von Anträgen auf Fürsorgeleistungen" den für die Spruchausschüsse (Art. 3 und 5) gegebenen Vorschriften.

c) Bei der Frage der Rechtstellung dieser Ausschüsse, insbesondere ihrer gesetzlichen Vertretungsbefugnisse für den LFV.-Kreis, wird zur Auslegung der Bedeutung des Art. 8 Abs. V und des Art. 12 nicht so sehr an die Rechtstellung der Wohlfahrtsausschüsse (Bezirksfürsorgeausschüsse) zu den Spruchausschüssen, als vielmehr an die Rechtsstellung des bisherigen Landarmenrats und seines Vorstandes anzuknüpfen sein.

aa) Nach Art. 54 Arm. Ges. war der Vorstand des Landarmenrats nach außen hin unbeschränkt befugt, den LAV. in allen Rechtsgeschäften zu vertreten, also auch im notariellen und grundbuchamtlichen Verkehr. Eine Beschränkung der Vertretungsbefugnis durch die Satzung (Art. 53 Abs. 3 Arm. Ges.) war zwar möglich, verpflichtete aber den Vorstand nur nach innen hin dem Landarmenrat gegenüber, (zur Meidung der Haftung bei überschreitung seiner Vertretungsbefugnisse) zur Einhaltung der Beschränkungen, nicht aber nach außen Dritten gegenüber (Pöll, Arm. Ges. Anm. 1 zu Art. 54). Eine Beschränkung der Vertretungsbefugnis in der Vollmachtserteilung an den Vorstand auch mit Wirkung nach außen hin, etwa entsprechend der Bestimmung im § 30 BGB. (besonderer Vertreter mit zugewiesenem Aufgabenkreis), kannte das Armengesetz für den Landarmenratsvorstand nicht. Insbesondere hat der Verwaltungsgerichtshof im Verwaltungsstreitverfahren (Kostenersatz-, übernahmestreit) stets ohne Vorlage einer Vollmacht die ausschließliche Vertretungsbefugnis des Landarmenratsvorstands allein zur Einlegung von Beschwerden usw. anerkannt (anders s. dagegen beim Ortsarmenverband, den der Vorsitzende des Armenrats nicht allein gesetzlich vertreten konnte).

bb) Das neue Recht enthält über die Vertretungsbefugnis eine ausdrückliche Bestimmung nur in Art. 12, worin für den LFV.-Kreis dem Kreisfürsorgeausschuß Vertreterstellung eingeräumt ist. Eine ausdrückliche Bestimmung darüber, ob und inwieweit mit Wirkung nach außen hin (Dritten gegenüber) auch der beim Kreisfürsorgeausschuß gebildete Unterausschuß (Art. 8 Abs. V) oder der Vorsitzende vertretungsberechtigt ist, enthält die VO. nicht; aus Art. 12 folgt jedenfalls sicher das eine, daß primär vertretungsberechtigt der Kreisfürsorgeausschuß ist und daß für seine Vertretungsbefugnis die Vermutung spricht. Es fragt sich nur, ob der Abs. V nur für das interne Rechtsverhältnis des Kreisfürsorgeausschusses zu dem von ihm gebildeten Ausschuß und zu dem Vorsitzenden oder aber auch für die Rechtstellung dieser Ausschüsse und des Vorsitzenden nach außen hin Dritten gegenüber Bedeutung hat. Hier wird die Klärung der Frage nur durch den

Gesetzgeber erfolgen können. Aus dem Fehlen einer dem Art. 54 Grm. G. entsprechenden Bestimmung für den Vorsitzenden und die in der Verwaltungsverordnung neu eingeführten Ausschüsse würde zunächst zu folgern sein, daß deren Befugnis nicht die allgemeine Vertretungsmacht nach außen hin mit umfassen kann, daß also der Kreisfürsorgeausschuß der alleinige Vertreter nach außen wäre (natürlich vorbehaltlich der Bevollmächtigung dieses Ausschusses oder des Vorsitzenden für ein einzelnes Rechtsgeschäft). Dies würde zu einer außerordentlichen Verzögerung der Behandlung der laufenden Geschäfte führen und wäre ein Rückschritt gegenüber dem Artikel 54 Arm. Ges. Es bleibt abzuwarten, ob die Rechtsprechung die Vertretungsbefugnis der nach Abs. V gebildeten Ausschüsse sowie des Vorsitzenden für den rechtsgeschäftlichen Verkehr auch mit Wirkung nach außen hin auf Grund eines generellen Bevollmächtigungsbeschlusses anerkennt.

Für die Praxis wäre dies erwünscht.

Der Umfang der Vertretungsbefugnis des Ausschusses oder des Vorsitzenden bemißt sich in diesem Fall nach dem Vollmachtsbeschluß des Kreisfürsorgeausschusses, dieser kann auch mit Wirkung gegen Dritte die Vollmacht beschränkt oder unbeschränkt erteilen.

6. Ein Recht des Kreisausschusses, etwa wie nach Art. 53 Abs. II und III Arm. G. eine Satzung über den Geschäftsgang des Kreisfürsorgeausschusses und die Art seiner Beschlußfassung zu erlassen, besteht nicht, vielmehr hat der Kreisfürsorgeausschuß selbst Geschäftsgang und Art der Beschlußfassung zu regeln.

7. Da eine Einschränkung der Vertretungsbefugnis des Kreisfürsorgeausschusses im Innenverhältnis zum Kreistag entgegen der ausdrücklichen Bestimmung in Art. 55 Arm. G nicht gemacht wurde, möchte an sich für den LFV. Kreis gefolgert werden, daß auch die in Art. 55 für das Gebiet des Landarmenverbandes dem ehemaligen Landrat (Art. 15 Landratsges.) späteren Kreistag (Art. 21 SVG.; Art. 1 Kreisnotstandsmaßnahmegesetz v. 28. 3. 24 GVBl. S. 116, aufgehoben durch Art. 9 Gemeindewahlges. v. 6. 11. 24 GVBl. S. 211) vorbehaltenen Befugnisse nunmehr ausschließlich den mehrgenannten Ausschüssen zustehen.

Daraus würde folgen, daß z. B. die Erwerbung und Veräußerung von Grundstücken oder Rechten an einem Grundstück des Kreises, das für Zwecke der öffentlichen Fürsorge in Betracht kommt, auch im Innenverhältnis gegenüber dem Kreistag ohne dessen Zustimmung ausschließlich durch den Kreisfürsorgeausschuß zu erfolgen hätte. Diese Einschränkung der Rechte des Kreistags war wohl nicht gewollt. Vielmehr ist anzunehmen, daß, — wie für den LAR. nach Art. 55 Arm. G. (mit seinen Ergänzungen) vorgeschrieben war — der Kreisfürsorgeausschuß im Innenverhältnis zum Kreistag zu den in diesen Bestimmungen angeführten Rechtshandlungen, insbesondere Anstaltserrichtung, Anleiheaufnahme, Grundstücksgeschäften an die Zustimmung des Kreistags gebunden ist. Voranschlag s. Art. 12 Abs. I S. 2.

8. Die Aufsicht über die Verwaltung der Kreise als Landesfürsorgeverbände führt die Regierung, K. d. J. (Art. 8 Abs. II VAV., Art. 70 Abs. II Arm. G.) vorbehaltlich der für die Kb.- und Kh.-Fürsorge geltenden besonderen Bestimmungen (Art. 10 Anm. 1). Die oberste Aufsicht obliegt den Staatsministerien des Innern und für soziale Fürsorge, je nach ihrem Geschäftsbereich.

## Art. 9.

**Die Aufgaben des Staates als Landesfürsorgeverband werden vom Ministerium des Innern und vom Ministerium für Soziale Fürsorge nach Maßgabe ihrer Zuständigkeit verwaltet.**

1. Vgl. Vorbemerkung zu Art. 8. Die Aufgaben des Staates als Landesfürsorgeverband sind in Art. 7 BAB. (abgedr. oben S. 46) geregelt.

Art. 9 der Verw. VO. knüpft an die derzeitige Zuständigkeitsverteilung der Ministerien an. Von den Fürsorgeaufgaben der RFV. behandeln derzeit:

das Staatsministerium des Innern: Armenfürsorge, Kleinrentnerfürsorge, Fürsorge für hilfsbedürftige Minderjährige,

das Staatsministerium für Soziale Fürsorge: Kb.- und Kh.-Fürsorge, Sozialrentnerfürsorge, Wochenfürsorge, Arbeitsfürsorge für Schwerbeschädigte und Schwererwerbsbeschränkte.

Zu den Wünschen nach Zusammenfassung der obersten Aufsicht über das Fürsorgewesen bei einem Ministerium wird wohl das künftige Ausführungsgesetz Stellung nehmen. Dabei wird zu prüfen sein, ob nicht der Ministerialinstanz nur die oberste Aufsicht über das Fürsorgewesen zu übertragen, dagegen die Verwaltung des Landesfürsorgeverbandes — zur Entlastung des Ministeriums von Einzelfürsorgearbeit — einer dem Ministerium nachgeordneten Landesstelle zu überweisen wäre, wie seither für das Gebiet der Kb.- und Kh.-Fürsorge der Landeshauptfürsorgestelle; auch zu den Wünschen nach Ausbau des Beirats der Landeshauptfürsorgestelle zu einem Landesfürsorgeausschuß wird bei der künftigen Regelung Stellung zu nehmen sein.

## Art. 10.

**Die Landeshauptfürsorgestelle und die Kreishauptfürsorgestellen für Kriegsbeschädigte und Kriegshinterbliebene sowie ihre Beiräte und Schwerbeschädigtenausschüsse bleiben bis zu anderweitiger Regelung bestehen. Bis dahin bemißt sich ihre Zuständigkeit nach den bisherigen Vorschriften.**

1. Während die Eingliederung der amtlichen Fürsorgestellen für Kb. und Kh. in die Bezirksverwaltungsbehörden nach Art. 6 vorgeschrieben ist, bleiben die Landeshauptfürsorgestelle und die Kreishauptfürsorgestellen für Kb. und Kh., ihre Beiräte und Schwerbeschädigtenausschüsse weiter bestehen. Bei der Bedeutung der Kb.- und Kh.-Fürsorge und der Wichtigkeit dieser Stellen für die Durchführung der Fürsorge muß die endglütige Entscheidung über die etwaige Vereinigung mit anderen Stellen dem Gesetz vorbehalten bleiben.

Die Rechtslage ist folgende:

a) Die Vertretung des Landesfürsorgeverbands Kreis kommt, soweit es sich um die Aufgaben nach Art. 6 BAB. (Anstaltsfürsorge usw.) handelt, dem Kreisfürsorgeausschuß zu. Der Leiter der Kreishauptfürsorgestelle sowie Vertreter der Kb. und Kh. sind Mitglieder dieses Ausschusses. Falls der Vorsitzende des Kreisfürsorgeausschusses Angelegenheiten, die Kb. und Kh. betreffen, im Büroweg erledigt, ist die Kreishauptfürsorgestelle an der Sachbehandlung mit zu beteiligen. Eine gesetzliche Vertretung des Kreises durch die Kreishauptfürsorgestelle, die — ohne rechtliche Beziehung zum Kreis — eine Staatsbehörde ist, wird schon nach Art. 22 m der Verfassungsurkunde vom 14. 8. 19 kaum in Betracht kommen (s. auch Art. 8 Anm. 2 u. 3).

b) Dagegen verbleiben den Kreishauptfürsorgestellen nach Art. 10 Satz 2 die seitherigen Zuständigkeiten sowohl auf dem Gebiet der Reichsverordnung über die Fürsorgepflicht (vgl. Art. 7 BAB.), als auch auf dem Gebiet des Reichsversorgungsgesetzes und des Schwerbeschädigtengesetzes. Zu den letztgenannten, den Kreishauptfürsorgestellen außerhalb der RFV. obliegenden staatlichen Aufgaben gehören insbesondere auf dem Gebiet des Versorgungswesens: Zusatzrenten (§§ 88 ff. insbesondere 94 RVG.), Kapitalabfindung (§§ 72 ff. RVG.), Beamtenschein, ferner die obrigkeitlichen Aufgaben zum Vollzug des Schwerbeschädigtengesetzes.

Da die Verw. VO. ausschließlich die gesetzlichen Vertretungsorgane regelt, nicht aber Verfahren, Beschwerde und Aufsicht, so sind für Landes- u. KreisHFSt. infolge Aufrechterhaltung des Art. 8 Abs. II BAB. nach wie vor die Bestimmungen der VO. vom 13. 6. 1919 (GVBl. S. 292) und vom 7. 4. 1920 (GVBl. S. 112) im Zusammenhalt mit der VO. vom 16. 3. 1921 (GVBl. S. 99), insbesondere § 6 aufrechterhalten geblieben; danach bestehen die außerhalb der eigentlichen Staatsaufsicht liegenden fachaufsichtlichen Befugnisse der Kreishauptfürsorgestellen gegenüber den Bezirksfürsorgeverbänden weiterhin fort. Da die Bestimmungen über das Verfahren nicht geändert, die seitherigen Zuständigkeiten ausdrücklich aufrechterhalten sind, ist davon auszugehen, daß auch das instanzielle Entscheidungsrecht der Kreishauptfürsorgestellen und ihres Beirats (§ 9 Abs. III der VO. v. 8. 2. 1919, RGBl. S. 187), das aufsichtliche Entscheidungsrecht bei Beschwerden der Hilfsbedürftigen gegen Entscheidungen, Bewilligung oder Ablehnung von Leistungen der Bezirksfürsorgeverbände auf dem Gebiet der Kb.- und Kh.-Fürsorge aufrechterhalten ist; hiernach ist infolge der Aufrechterhaltung des Art. 8 Abs. 2 BAB. am bisherigen Rechtszustand in dieser Richtung nichts geändert.

c) Für die Schwerbeschädigten-Arbeitsfürsorge (§ 1 Abs. 1 Buchst. d der RFV.) ist die Rechtslage noch nicht völlig geklärt, da in der Verw. VO. nur die Vertreterfrage, nicht aber die auf diesem Gebiet noch klarzustellende Frage der Aufgabenverteilung zwischen Staat und Kreis geregelt ist.

aa) Die sogen. persönlichen Fürsorgedienste (insbesondere berufliche Beratung, Vermittlung der beruflichen Ausbildung, Vermittlung von Arbeitsstellen und nachgehende Fürsorge) werden dem Staat als LFV. obliegen (Art. 7 Buchst. c BAB.); der LFV. Kreis ist als Träger der Schwerbesch. Fürsorge nirgends gesetzlich benannt.

bb) Für die geldliche Fürsorge (finanzielle Unterstützung, Beihilfengewährung für Zwecke der Arbeitsfürsorge) kommt im Hinblick auf Art. 5 BAB. der BFB. als verpflichteter Fürsorgeverband in Betracht.

Siehe im einzelnen über diese Fragen der Schwerbeschädigtenfürsorge Heß in Bayer. Gem. BZ. 1924 Spalte 867 f.

d) Unberührt bleiben die Schwerbeschädigtenausschüsse im Sinne des Reichsges. über die Beschäftigung Schwerbeschädigter i. d. F. v. 12. 1. 23 § 22 und der Personalabbau BO. vom 27. 10. 23 Art. 21 Ziff. VII und VIII (RGBl. 1923 I S. 57 und 999).

Über die Zweifelsfragen, die sich insbesondere in der Zeit vom 1. 4. 24 bis 31. 12. 24 aus der Bestimmung des Art. 8 Abs. I BAB für die Frage der gesetzlichen Vertretungsorgane der Fürsorgeverbände ergaben, siehe Bayer. Gem. BZ. 1924 Sp. 548 ff., 569 ff., 617 ff., 639 ff., 867 ff.

2. Mit der Aufrechterhaltung der Beiräte sind auch deren Sonderausschüsse, insbesondere der Fachausschuß für Kriegsblindenfürsorge (vergl. über Blindenfürsorge Merkblatt in den Mitt. der LHFSt. 3. Jahrg. Nr. 9) aufrechterhalten worden.

## Art. 11.

I In die Verwaltung der Fürsorgeverbände und zu Pflegern können nur Personen berufen werden, die zu Gemeindeämtern wählbar sind; sie scheiden aus, wenn sie die Wählbarkeit verlieren. Im Streitfall entscheidet die dem Fürsorgeverband vorgesetzte Staatsaufsichtsbehörde endgültig.

II Mitglieder der Verwaltungsorgane, die auf Grund eines staatlichen oder kirchlichen Amtes berufen sind, können die Mitgliedschaft nicht ablehnen. Im übrigen gelten für die Ablehnung, Niederlegung oder Entlassung die Vorschriften der Gemeindeordnungen. Die Dienstleistung in der Verwaltung der Fürsorgeverbände oder als Pfleger gilt als Amt nach Art. 174 Abs. I Ziff. 3 der rrh. GemO. Die Staatsaufsichtsbehörden entscheiden endgültig.

III Die Mitglieder der Verwaltungsorgane, die nicht auf Grund eines staatlichen oder kirchlichen Amtes berufen sind, und Pfleger werden zur gewissenhaften Erfüllung ihrer Obliegenheiten und insbesondere zur Wahrung der Amtsverschwiegenheit in Pflicht genommen. Für sie gelten die Art. 166, 167, 169 der rrh. GemO. und Art 96 bis 99 der pfälz. GemO. entsprechend. Entscheidungen treffen die Staatsaufsichtsbehörden.

IV Die Mitglieder der Verwaltungsorgane und Pfleger versehen ihre Stelle ehrenamtlich und unentgeltlich. Bei Dienstleistungen außerhalb ihres Wohnortes erhalten sie Entschädigung für Reisekosten und Aufwand vom Fürsorgeverband nach dessen Regelung.

1. Wählbar zu Gemeindeämtern sind nach Art. 2 des Gemeindewahlgesetzes vom 6. 11. 1924 (GVBl. S. 211) die nach Art. 1 dieses Gesetzes wahlberechtigten Personen, wenn sie das 25. Lebensjahr zurückgelegt haben. Art. 1 des Wahlgesetzes lautet:

„I. Wahlberechtigt sind alle reichsdeutschen Männer und Frauen, die am Tage der Wahl

1. das 20. Lebensjahr vollendet haben,
2. sich seit 12 Monaten, von der Anmeldung in der Gemeinde an gerechnet, in der Gemeinde aufhalten. Das Staatsministerium des Innern kann allgemeine Ausnahmen von dem Erfordernis zu Ziffer 2 zulassen.

II. Vom Wahlrecht ist ausgeschlossen,

1. wer entmündigt ist oder unter vorläufiger Vormundschaft oder wegen geistiger Gebrechen unter Pflegschaft steht,
2. wer rechtskräftig durch Richterspruch die bürgerlichen Ehrenrechte verloren hat.

III. Die Ausübung des Wahlrechts ruht für die Soldaten während der Dauer der Zugehörigkeit zur Wehrmacht.

IV. Behindert in der Ausübung ihres Wahlrechts sind Personen, die wegen Geisteskrankheit oder Geistesschwäche in einer Heil- oder Pflegeanstalt untergebracht sind, ferner Straf- und Untersuchungsgefangene, sowie Personen, die infolge gerichtlicher oder polizeilicher Anordnung in Verwahrung behalten werden. Personen, die sich aus politischen Gründen in Schutzhaft befinden, werden hiervon nicht berührt."

2. Über die Berufungsfähigkeit zum Mitglied eines Wohlfahrtsausschusses, Bezirksfürsorgeausschusses, Spruchausschusses, dann zum Pfleger, ferner über Ablehnung, Niederlegung oder Entlassung entscheiden die Staatsaufsichtsbehörden endgültig (Abs. I S. 2, Abs. II S. 3). Die verwaltungsrichterliche Zuständigkeit nach Art. 8 Ziff. 33 VGG. i. d. F. des Art. 94 Arm. G. besteht nicht mehr; Art. 8 Ziff. 33, VGG. ist durch Art. 11 geändert. Die Worte dieses Artikels: „sowie zum Amte eines Mitglieds des Armenrats, eines Pflegers des Bezirksausschusses" sind durch die Bestimmung des Art. 11 Verw. VO. aufgehoben.

3. (Zu Abs. II, III) Die Bestimmung ist dem Art. 29 Arm. G. nachgebildet; vgl. daher die Anmerkungen zu Art. 29 bei Pöll, UWG. 2. Aufl. (J. Schweitzer Verlag); über Ablehnung eines Gemeindeamts s. Art. 174 rrh. Gem. O.; Art. 121 pfälz. Gem. O.; über Niederlegung (Austritt) und Entlassung s. Art. 80, 127 rrh. Gem. O.; Art. 58 und 59 pfälz. Gem. O.

Die Mitglieder der Verwaltungsorgane sind ehrenamtliche Gemeindebeamte. Für das Dienststrafrecht gelten die Art. 166, 167, 169 rrh. Gem. O., Art. 96—99 der pfälz. Gemeindeordnung. Auch die Bestimmungen über den Ausschluß als dienststrafrechtliche Maßnahme (Art. 165 rrh. Gem. O.; Art. 95 pfälz. Gem. O.) werden auf die Mitglieder der Verwaltungsorgane und die Pfleger entsprechend anwendbar sein.

4. Die Mitgliedschaft im Wohlfahrtsausschuß usw. endet nicht dadurch, daß der Berufene aus dem Verbande oder der Vereinigung ausscheidet, deren Mitgliedschaft für die Berufung maßgebend war.

Er bleibt vielmehr so lange Mitglied, als nicht die Voraussetzungen des Art. 11 (Verlust der Wählbarkeit, Amtsniederlegung usw.) zutreffen.

5. (Zu Abs. IV.) Der Satz 1 entspricht dem Art. 28 Abs. I Arm. G.; der übrige Teil des Art. 28 Arm. G., insbesondere die Bestimmung über die Einvernahme des Armenrates vor Ernennung von Gemeindebeamten für die Armenpflege ist nicht mehr aufgenommen.

Der Satz 2 weicht von der Bestimmung des Art. 28 Abs. III Arm. G. ab.

## Art. 12.

I Der Wohlfahrtsausschuß (Art. 1), der Bezirksfürsorgeausschuß, der Kreisfürsorgeausschuß vertreten in den Angelegenheiten der öffentlichen Fürsorge die Stadt, den Bezirk, den Kreis als Bezirks- und Landesfürsorgeverband. Sie verwalten die öffentlich-rechtliche Fürsorge nach den für die Verwaltung der Gemeinden, der Bezirke und Kreise geltenden allgemeinen Bestimmungen und den besonderen reichs- und landesrechtlichen Vorschriften über die öffentliche Fürsorge im Rahmen des vom Stadtrat, vom Bezirkstag, vom Kreistag bewilligten Haushalts. Vor der Verbescheidung des Haushaltsplanes ist dem Fürsorgeausschuß Gelegenheit zur Stellungnahme zu geben.

II Der durch andere Einnahmen der Fürsorgeverbände nicht gedeckte Bedarf ist nach den für den Gemeinde-, Bezirks- und Kreisbedarf geltenden allgemeinen Grundsätzen aufzubringen.

1. S. hierher zunächst Art. 1 Anm. 2, Art. 2 Anm. 3 und 4, Art. 3 Anm. 1, Art. 4 Anm. 1; Art. 5 Anm. 1, Art. 8 Anm. 3 u. 5.

2. Die Bestimmung ist die Grundlage für die Rechtsstellung der allgemeinen Verwaltungsorgane der BFV. und des LFV. Kreis als gesetzlicher Vertreter; sie ist den Artikeln 31 und 52 Arm. G. nachgebildet. Bei dieser Nachbildung ist allerdings nicht berücksichtigt, daß nach der Absicht des Art. 3 und 5 für die BFV. noch ein zweiter gesetzlichen Vertreter für einen bestimmt umgrenzten Wirkungskreis, nämlich den der Einzelfürsorge, bestellt ist. Aus der mangelnden Abgrenzung der Zuständigkeit dieser beiden gesetzlichen Vertreter, deren Verhältnis zueinander etwa mit dem Rechtsverhältnis des Bezirkstages und Bezirksausschusses verglichen werden möchte, können sich in der praktischen Handhabe sowohl auf verwaltungsrechtlichem als auch auf bürgerlich rechtlichem Gebiet Schwierigkeiten ergeben, deren Klärung wohl nur durch eine Ergänzung der Fassung der Art. 3, 5 oder 12 dürfte erfolgen können. Vgl. hierüber im einzelnen Art. 3 Anm. 1.

Für den Ortsfürsorgeverband (Art. 7) und den Landesfürsorgeverband Kreis (Art. 8) besteht diese rechtliche Schwierigkeit mangels Bestehens eines Spruchausschusses nicht.

Art. 12 wird allgemein, jedenfalls dahin einzuschränken sein, daß der Satz 1 durch einen Zusatz auszulegen ist des Inhalts: „der Wohlfahrtsausschuß und der Bezirksfürsorgeausschuß jedoch nur vorbehaltlich der Vertretungsbefugnis des Spruchausschusses für den ihm zugewiesenen Aufgabenbereich (Art. 3 Abs. I Satz 1 und Art. 5 Abs. I Satz 1)".

3. Die Vertretungsbefugnis der Verwaltungsorgane bezieht sich nicht nur auf die öffentlich-rechtlichen Rechtshandlungen (z. B. Antrag auf Kostenersatz oder Übernahme), sondern auch auf die im Vollzug der öffentlichen Fürsorge abzuschließenden bürgerlich-rechtlichen Rechtsgeschäfte (z. B. Darlehen, Bürgschaftsübernahme, Leihverträge).

4. „Fürsorgeausschuß" im Sinne des Abs. I Satz 3 ist der Wohlfahrtsausschuß (Art. 1), der Bezirksfürsorgeausschuß (Art. 4) und der Kreisfürsorgeausschuß (Art. 8).

5. Haushalt, Rechnungswesen.

Die Beschlußfassung über den Haushalt steht auch für den Fürsorgeverband ausschließlich dem Stadtrat, Bezirkstag, Kreistag, also dem allgemeinen Vertretungsorgan des Selbstverwaltungskörpers zu.

Der Wohlfahrtsausschuß, Bezirksfürsorgeausschuß, Kreisfürsorgeausschuß ist bei der Aufstellung des Haushaltsplanes zu hören. Diese Bestimmung (Abs. I Satz 3) ist an Stelle der eingehenden Vorschriften des Arm. G. und seiner Vollzugsvorschriften getreten, bisher Arm. G. Art. 38, 43 Ziff. 6, 52 Ziff. 5, Art. 55 Arm. G. in Verbindung mit Art. 21 des Selbstverwaltungs G., ferner ME. vom 14. 5. 1870 und 4. 9. 1915, Pöll 1. Aufl. S. 659 und 662, s. dazu auch MB. vom 28. 12. 16, MABl. 1917 S. 1. Diese sämtlichen Bestimmungen sind durch Art. 12 Verw. VO. überholt.

Auch über das Kassen- und Rechnungswesen waren seither eingehende Bestimmungen erlassen (so für die Armenfürsorge, Arm. G. Art. 36—39, 43 Ziff. 6, 52 Ziff. 6, 55 dieser im Zusammenhalt mit Art. 21 des Selbstverwaltungs G., ME. vom 14. 5. 1870, (Pöll 1. Aufl. S. 671), für die Kb.- und Kh.-Fürsorge ME. vom 30. 3. 21 Staatsanz. Nr. 73).

Art. 12 hat über Kassen- und Rechnungswesen keine besonderen Bestimmungen getroffen. Es gelten daher die allgemein für Gemeinden, Bezirke, Kreise erlassenen Vorschriften über Kassen- und Rechnungswesen. Soweit nähere Bestimmungen erforderlich sind, werden sie den Gesichtspunkten der Vereinheitlichung der Fürsorge Rechnung tragen müssen. Voranschlagsmäßige Ausscheidungen werden, wie z. B. für die wirtschaftlichen Unternehmungen der Selbstverwaltungskörper, auch für die Fürsorge in einer Beilage zum Kommunalhaushalt durchzuführen sein.

6. Kreistag. Die Angelegenheiten der Kreise wurden bis auf weiteres (vorübergehend) statt von den Kreistagen von den Kreisausschüssen behandelt, (Gesetz über Notmaßnahmen für die Kreisgemeinden vom 28. 3. 24, GVBl. S. 116); nun wieder von den Kreistagen. Art. 9 Gemeindewahlges. vom 6. 11. 24.

7. Zu Abs. II: Die auf § 2 Abs. IV RFV. sich gründende Bestimmung befaßt sich nicht mit der Verwaltung der Fürsorge-

verbände, sondern mit der Deckung des Fürsorgeaufwandes, für sie ist daher in der Verwaltungsverordnung eigentlich kein Raum. Die Bestimmung entspricht dem Art. 35 Abs. II und dem Art. 63 Arm. G. über die Aufbringung des Gemeindebedarfs (s. Art. 39 ff. Gem. O.), des Bezirksbedarfs (Art. 30 Distriktsratsgesetz, Art. 24 ff. Vollz. Ges. z. Fin. Ausgl. Ges., GVBl. 1924, S. 157) und des Kreisbedarfs [Art. 18 Landratsgesetz] Art. 1, 30 ff. Vollz. Ges. z. Fin. Ausgl. Ges.

## Art. 13.

I Der Ortsfürsorgeausschuß vertritt in den Angelegenheiten der Armenfürsorge die Gemeinde als Ortsfürsorgeverband. Er verwaltet die Armenfürsorge nach den für die Verwaltung der gemeindlichen Angelegenheiten geltenden allgemeinen Bestimmungen und den besonderen reichs- und landesrechtlichen Vorschriften über die öffentliche Fürsorge im Rahmen des vom Gemeinderate bewilligten Haushalts. Vor der Verbescheidung des Haushaltsplanes ist dem Ortsfürsorgeausschuß Gelegenheit zur Stellungnahme zu geben.

II Der durch andere Einnahmen nicht gedeckte Bedarf des Ortsfürsorgeverbandes ist nach den für den Gemeindebedarf geltenden allgemeinen Bestimmungen aufzubringen.

1. S. zunächst Art. 7 Anm. 5.

2. Die Bestimmung entspricht für den Ortsfürsorgeverband und Ortsfürsorgeausschuß genau derjenigen des Art. 12 für die übrigen Fürsorgeverbände und Fürsorgeausschüsse. Es gilt daher das zu Art. 12 ausgeführte entsprechend auch hier, mit dem Abmaße, daß weder Spruchausschüsse noch sonstige Ausschüsse zugelassen sind und somit die gesetzliche Vertretung ausschließlich dem Ortsfürsorgeausschuß obliegt. Eine allgemeine Übertragung der Zuständigkeit auf den Vorsitzenden allein (Bevollmächtigungsbeschluß) gibt es hier nicht (anders Art. 8 Abs. V Satz 2). Insbesondere sind daher alle rechtsgeschäftlichen, vornehmlich auch prozessualen Rechtshandlungen (z. B. Einlegung einer Beschwerde im Streitverfahren, Anträge auf Kostenersatz und Übernahme, Verpflichtung zum Kostenersatz oder Übernahme) stets vom Ortsfürsorgeausschuß beschlußmäßig vorzunehmen. Der Vorsitzende und sein Stellvertreter hat jedoch, vorbehaltlich der nachträglichen beschlußmäßigen Genehmigung des Ortsfürsorgeausschusses, entsprechend der Bestimmung in Art. 32 Abs. I S. 2 Arm. G., das Recht und die Pflicht, in dringenden Fällen der Einzelfürsorge soweit es sich um Gewährung von Fürsorgeleistungen handelt, eine Entscheidung zu treffen. Dies folgt aus Abs. I S. 2 („aus den für die Verwaltung der gemeindlichen Angelegenheiten geltenden allgemeinen Bestimmungen") in Verbindung mit Art. 101 ff., 131 ff. Gem. O.

3. Der Abs. II entspricht dem Art. 12 Abs. II s. dort Anm. 7.

## Art. 14.

**In den Bezirken der Pfalz, zu denen kreisunmittelbare Städte gehören, sind für die in gegenwärtiger Verordnung dem Bezirkstag übertragenen Aufgaben die Bezirkstagsmitglieder, welche in den kreisunmittelbaren Städten ihren Wohnsitz haben, nicht stimmberechtigt; sie können auch nicht in den Bezirksfürsorgeausschuß oder in Ausschüsse des Bezirkes gemäß Art. 5 berufen werden.**

1. Die Sonderbestimmung für die Pfalz trägt dem Umstand Rechnung, daß dort die Ausscheidung der kreisunmittelbaren Städte aus den Bezirken noch nicht durchgeführt ist. Auf dem Gebiet der Fürsorge aber sind kreisunmittelbare Städte und Bezirke, ihre Wohlfahrtsausschüsse und Bezirksfürsorgeausschüsse selbständig.

2. Im einzelnen ist die Rechtslage in der Pfalz unter Beachtung des Art. 3 BAB. folgende:

Kreisunmittelbare Städte sind nach Min. Bek. vom 18. 10. 1909 (GVBl. S. 733) Landau, ferner durch Min. Bek. vom 18. 12 19 (GVBl. S. 838) Ludwigshafen, Kaiserslautern, Pirmasens, Speyer, Neustadt a. H., Frankental, St. Ingbert (Saargebiet), Zweibrücken. Der Stadt Landau wurde entsprechend der Bestimmung in Art. 3 des pfälzischen Städteverf. Ges. v. 15. 8. 08 (GVBl. S. 471) „unter Aufrechterhaltung des Distriktsverbandes" die Kreisunmittelbarkeit verliehen; ebenso sind die übrigen genannten kreisunmittelbaren Städte im Bez.-Verb. verblieben (richtiger Distriktsverb.); Art. 11 SVG. gilt gem. Ges. vom 20. 12. 19, 6. 3. 1923, GVBl. S. 833/105 in der Pfalz noch nicht, die einzelnen Distrikte einer Bez.-Verw.-Behörde sind also bestehen geblieben, wenngleich sie jetzt schon „Bezirke" („verbundene Bezirke") genannt werden, so in Art. 3 II des gen. Gesetzes vom 20. 12. 19.

Es hat sich die Zweifelsfrage ergeben,

a) ob die kreisunmittelbaren Städte der Pfalz Bezirksfürsorgeverbände sind,

b) ob die einzelnen Bezirke (bisher Distrikte) einer Bez.-Verw.-Behörde jeder für sich Bez.-Fürs.Verb. sind oder die verbundenen Bezirke (Distrikte) einer Bez.-Verw.-Behörde.

Zu a): Die Frage ist zu bejahen, da in Art. 3 keinerlei Unterschied zwischen rechtsrheinischen und pfälzischen kreisunmittelbaren Städten gemacht ist, die Städte der Pfalz, denen die Kreisunmittelbarkeit verliehen ist, „kreisunmittelbare Städte" im Sinne des Gemeinderechts sind und eine Einschränkung der Gültigkeit der Vdg. auf das rechtsrheinische Bayern auch niemals erwähnt ist und daher alle Bestimmungen für Bayern rechts und links des Rheines gelten.

An der Verpflichtung dieser kreisunmittelbaren Städte als Bezirksfürsorgeverbände ändert auch die aufrechterhaltene Bestimmung des Art. 65 Armengesetz nichts, die kreisunmittelbaren Städte bleiben daher, obwohl eigene Bezirksfürsorgeverbände nach wie vor an der Unterhaltung der Krankenhäuser, Armenhäuser usw. zugleich mit den dem gleichen Bezirk (Distrikt) zugehörenden mittelbaren Gemeinden mit verpflichtet.

Zu b): Die bisherigen Distrikte in der Pfalz sind unter Bezeichnung „Bezirk" selbständige Rechtspersönlichkeiten geblieben, da, wie oben angeführt, Art. 11 SVG. in der Pfalz noch nicht gilt, so daß in der Pfalz innerhalb einer Bez.-Verw.-Behörde mehrere Bezirke, dagegen im rechtsrheinischen Bayern immer nur 1 (vereinigter) Bezirk vorhanden ist. Da Art. 3 ganz allgemein von Bezirken spricht, ohne zu unterscheiden, ob es ein „vereinigter" Bezirk des Art. 11 SVG. oder ein Bezirk in der Pfalz ist, so muß jeder Bezirk, also auch jeder einzelne von mehreren pfälzischen zu einer und derselben Bezirksverwaltungsbehörde gehörigen Bezirken jeweils einen Bezirksfürsorgeverband darstellen, nur unter Ausschluß derjenigen Teile des Bezirks, die zu einer kreisunmittelbaren Stadt gehören, die ja einen eigenen Bez.-Fürs.-Verb. bildet. Während daher im rechtsrheinischen Bayern innerhalb eines Bez.-Amts immer nur ein Bez.-Fürs.-Verb. besteht, bestehen in der Pfalz innerhalb eines Bez.-Amtes so viele Bez.-Fürs.-Verb. als Bezirke (bisher Distrikte) vorhanden sind (Möglichkeit der Vereinigung der Bez.-Fürs.-Verb. eines Bez.-Amtes nach Art. 4 II BAV. gegeben).

## Art. 15.

### Die Verordnung tritt sofort in Kraft.

1. Die Verordnung tritt sofort in Kraft. Die VO. wurde im Staatsanzeiger vom 13. 1. 25 Nr. 9, ferner im bayer. Ges. u. VOBl. vom 20. 1. 25, GVBl. S. 39 veröffentlicht. Entscheidend ist hier der Tag der Veröffentlichung im Staatsanzeiger, also der 13. 1. 25.

Es handelt sich um eine Verordnung der Landesregierung, zu deren Erlaß eine reichsgesetzliche Ermächtigung vorliegt. Nach der MB. vom 29. 10. 21 (GVBl. S. 545) stellen derartige Verordnungen die Ausübung des Verordnungsrechts des Reichs dar, solche Verordnungen bedürfen, auch soweit es sich um Rechtsverordnungen handelt, nicht der Bekanntmachung im GVBl. (§ 75 Bayer. Verfassungsurkunde); Veröffentlichung im Staatsanzeiger genügt.

2. Rechtslage zwischen 1. 1. und 13. 1. 25. Die bisherigen Armenräte haben nach der Bestimmung im Art. 22 und 25 Arm. G. in Verbindung mit Art. 5 SVG. ihre Eigenschaft als gesetzliche Vertretungsorgane der BFV. mit dem 31. 12. 24 zugleich mit der Beendigung der Amtsdauer der Stadt- und Gemeinderäte kraft Gesetzes verloren; sie sind nicht etwa bis zur Einweisung der neuen Vertretungsorgane als zur weiteren Geschäftsführung und Vertretung bevollmächtigt erklärt. Demgemäß bestehen für die genannte Zeitspanne keinerlei vertretungsbefugte Organe der BFV. (unmittelbare Gemeinden) und OFV. (mittelbare Gemeinden) für das Gebiet der Armenfürsorge. Für diese Zeit konnten daher die BFV. und OFV. keinerlei rechtsverbindliche Willenserklärungen abgeben, insbesondere auch nicht prozeßrechtlich wirksame Rechtshandlungen, wie Einlegung von Beschwerden usw., vornehmen. Läuft somit z. B. eine Rechtsmittelfrist in einem armenrechtlichen Streitverfahren in der

genannten Zeitspanne ab und war noch keine Beschwerde eingelegt, so ist niemand vorhanden, der rechtswirksam in diesem Zeitraum die Beschwerde überhaupt einlegen konnte, insbesondere ist der Stadtrat nicht befugt, mit Wirkung für das gesetzliche Vertretungsorgan des BFV. (OFV.) zu handeln (so der Verwaltungsgerichtshof in ständiger Rechtsprechung vgl. z. B. Entscheidung VGH. vom 24. 11. 24 Nr. 34 III/24).

Auch konnte während dieser Zeit ein Bescheid an BFV. oder OFV. mangels eines gesetzlichen Vertreters nicht rechtswirksam zugestellt werden. Eine etwaige Zustellung an den Stadtrat oder bisherigen Armenrat war rechtsunwirksam, Fristen konnten hierdurch nicht in Lauf gesetzt werden.

Es handelt sich also um einen Stillstand der behördlichen Tätigkeit (ähnlich dem justitium für den Gerichtsstillstand im römischen Recht).

Soweit neue Armenräte auf Grund der bisherigen Bestimmungen bereits gewählt sind, was mangels gesetzlicher Regelung rechtlich zulässig war, sind diese selbstverständlich bis zum Inkrafttreten der Verw.VO. rechtmäßige gesetzliche Vertretungsorgane; vom 13. 1. 24 an sind dagegen auch in diesen Fällen nur mehr die neuen Organe der Verw.VO. zuständig.

3. Erste Aufgabe der neubestellten Verwaltungsorgane wird es daher sein müssen, auf dem Gebiete der Armenfürsorge die Geschäfte des früheren Armenrats wieder aufzunehmen, etwa in der Zwischenzeit versäumte Rechtshandlungen vorzunehmen, bei versäumten Rechtsmittelfristen die Wiedereinsetzung in den vorigen Stand zu betreiben.

Soweit in der Zeit seit 1. 1. 25 neue Armenräte bereits bestellt worden sind (s. oben Anm. 2 am Ende) sind die etwa noch nach dem 12. 1. 25 von ihnen vorgenommenen Rechtshandlungen rechtsunwirksam, da die Vertretungsbefugnis dieser neuen Armenräte mit dem Inkrafttreten der Verw.VO. erloschen ist. Derartige Rechtshandlungen können jedoch von dem neuen Verwaltungsorgan des Fürsorgeverbands mit rückwirkender Kraft genehmigt werden. Vgl. übrigens auch Min. Bek. vom 8. 1. 25 Nr. 4081 a I — StAnz. Nr. 5 —, derzufolge von Neuwahlen der Armenräte abzusehen war.

4. Um den vorgenannten rechtlichen Unzuträglichkeiten vorzubeugen, wäre es richtig gewesen, der Verw.VO. rückwirkende Kraft zum 1. 1. 25 zu verleihen; allerdings können Verwaltungsorgane nicht vor ihrer Bestellung tätig werden, aber sie können nach ihrer tatsächlichen Bestellung die inzwischen seit der Geltungsdauer der VO. angefallenen Rechtshandlungen mit rückwirkender Kraft genehmigen.

Das praktische Ergebnis wäre z. B. in Verwaltungsrechtsstreitigkeiten gewesen, daß ohne Wiedereinsetzung in den vorigen Stand durch bloße Genehmigung die Mängel der Vertretung hätten geheilt werden können.

5. Das spätere Gesetz hebt das frühere auf, soweit seine Bestimmungen entgegenstehen. Welche Bestimmungen hiernach durch die Verw. VO. außer Kraft getreten sind, sagt die VO. nicht ausdrücklich.

Wegen des Außerkrafttretens des Art. 8 Abs. I BAV. vgl. dort (oben S. 47), wegen Aufhebung einzelner Bestimmungen des Art. 8 Ziff. 33 VGG. vgl. oben Art. 11 Anm. 2.

Von den Bestimmungen des Arm. G. sind jene über die Verwaltung der Fürsorgeverbände aufgehoben, so die Art. 21 bis 33, 37, 40, 44, 45, 49 bis 54. Dagegen sind jene über das Verfahren (vgl. Art. 8 Abs. II BAV.) aufrechterhalten. Die materiellrechtlichen Bestimmungen des Arm. G. sind im wesentlichen bereits durch die Reichsgrundsätze v. 4. 12. 24 (abgedr. oben S. 22) ersetzt. Vgl. Art. 9 Abs. II BAV., auch § 35 Reichsgrunds. Wegen Aufhebung der Bestimmungen über Voranschläge und Rechnungswesen vgl. Art. 12 Anm. 5.

Wegen Art. 55 Arm. G. vgl. oben Art. 8 Anm. 7.

6. Unberührt geblieben sind die Bestimmungen über die Behörden der Erwerbslosenfürsorge, Arbeitsämter, Landesarbeitsamt, s. hierzu § 33 Reichsgrundsätze (oben S. 32 u. 43); VO. über die Erwerbslosenfürsorge i. d. F. vom 16. 2. 24 (RGBl. I S. 127), abgeändert 11. 8. 24 (RGBl. I 681); Bayer. Vollz. Entschl. v. 20. 3. 24 (Staatsanz. Nr. 67); Arbeitsnachweisgesetz vom 22. 7. 22 (RGBl. I S. 657), abgeändert durch RG. vom 30. 10. 23 (RGBl. I 1065: und vom 13. 2. 24 (RGBl. I S. 121); Bayer. Vollz. Bek. vom 4. 9. 22 (Staatsanz. Nr. 205), vom 18. 11. 22 (Staatsanz. Nr. 270), v. 7. 12. 22 Staatsanz. Nr. 290).

Aufrechterhalten sind ferner die Bestimmungen über die Wandererfürsorge, Art. 65 Abs. I Ziff. 4 des Armengesetzes.

Die VerwVO. berührt auch nicht die Einrichtung der Jugendämter. Vgl. Reichsjugendwohlfahrtsgesetz vom 9. 7. 22 (RGBl. I S. 647), abgeändert durch VO. vom 14. 2. 24 (RGBl. I S. 110) und in § 49 durch § 36 Buchst. a der Reichsgrundsätze vom 4. 12. 24 (oben Seite 33).

Sache der künftigen Ausführungsgesetze zur RFV. und zum RJWG. wird es sein, auch hier zwischen den verwandten Aufgabengebieten der Fürsorge nach der RFV. und der Jugendfürsorge nach dem RJWG., namentlich im Behördenaufbau bei den Außenstellen, soweit tunlich, eine Vereinheitlichung anzustreben.

München, 12. Januar 1925.

Dr. Held. Gürtner. Stützel. J. V. Korn
Dr. Krausneck. Oswald. J. V. Lang. Dr. v. Meinel.

# Sachregister.

**Die Zahlen bedeuten die Seiten.**
**(§§ und Artikel sowie Absatzziffern, diese in römischen Zahlen, sind in Klammern beigefügt.)**

## A.

## B.

## C.



## D.



## E.



## F.

## G.

## L.



## M.



## N.

## W.



## Z.

## Abkürzungsverzeichnis.

ArmG. = Bayer. Armengesetz vom 21. 8. 1914.
Bayer. GemVZ. = Bayer. Gemeinde- und Verwaltungs-Zeitung (J. Schweitzer Verlag, München).
BFV. = Bezirksfürsorgeverband.
GemO. = Rechtsrheinische Gemeindeordnung.
GemWahlG. = Bayer. Gemeindewahlgesetz v. 6. 11 1924 (GVBl. S. 211).
GVBl. = Bayer. Gesetz- u. Verordnungsblatt.
Kb. — Kh. = Kriegsbeschädigte — Kriegshinterbliebene.
LAV. = Landarmenverband.
LFV. = Landesfürsorgeverband.
MittLHFSt. — Mitteilungen der bayer. Landeshauptfürsorgestelle.
OAV. = Ortsarmenverband.
OFV. = Ortsfürsorgeverband.
Pöll = Pöll, Das Unterstützungswohnsitz- u. das Armengesetz, J. Schweitzer Verlag (Arthur Sellier), 1. Aufl. München 1916; 2. Aufl. München 1921.
RAM. = Reichsarbeitsministerium.
RFV. = Reichsverordnung über die Fürsorgepflicht vom 13. Februar 1924 (RGBl. T. I S. 100).
RGrunds. = Reichsgrundsätze über Voraussetzung, Art und Maß der öffentlichen Fürsorge v. 4. Dezbr. 1924. RGBl. I S. 765.
SVG. = Bayer. Selbstverwaltungsgesetz.
VAV. = Bayer. vorläufige Ausführungs-Verordnung vom 27. März 1924.
VGG. = Gesetz über die Errichtung eines Verwaltungsgerichtshofes.
VO. = Verordnung.
VerwVO. = Bayer. Verordnung über die Verwaltung der Fürsorge-Verbände v. 12. 1. 1925.

---

**Berichtigung:**

1. S. 47 Art. 9 Anm. Zeile 1 ist nach: „nunmehr" einzusetzen: „im wesentlichen".

2. S. 68 Anm. 3 ist Zeile 6 u. 7 zu streichen und dafür zu setzen: „in das neue Recht überzuleiten, s. § 9 VO. v. 8. 2. 19 RGBl. S. 187) und Art. 4 VAV. (oben S. 45)."

FSC
www.fsc.org
MIX
Papier | Fördert gute Waldnutzung
FSC® C083411

Kolibri 360 GmbH
Ferdinand-Jühlke-Straße 7
99095 Erfurt, Deutschland
produktsicherheit@kolibri360.de